GABO & MERCEDES
uma despedida

RODRIGO GARCÍA

GABO & MERCEDES
uma despedida

Tradução de
ERIC NEPOMUCENO

1ª edição

EDITORA RECORD
RIO DE JANEIRO • SÃO PAULO
2022

EDITORA-EXECUTIVA
Renata Pettengill

SUBGERENTE EDITORIAL
Mariana Ferreira

ASSISTENTE EDITORIAL
Pedro de Lima

AUXILIAR EDITORIAL
Júlia Moreira

COPIDESQUE
Fabiana Camargo

REVISÃO
Claudia Moreira
Mauro Borges

CAPA
Renata Vidal

DIAGRAMAÇÃO
Myla Guimarães

FOTOS DO ENCARTE E IMAGEM DE CAPA
Acervo pessoal do autor

TÍTULO ORIGINAL EM INGLÊS
A Farewell to Gabo and Mercedes

CIP-BRASIL. CATALOGAÇÃO NA PUBLICAÇÃO
SINDICATO NACIONAL DOS EDITORES DE LIVROS, RJ

G211g

García, Rodrigo, 1959-
   Gabo e Mercedes: uma despedida / Rodrigo García; tradução de Eric Nepomuceno. – 1. ed. – Rio de Janeiro: Record, 2022.

   Tradução de: Gabo y Mercedes: una despedida
   ISBN 978-65-5587-509-6

   1. García Márquez, Gabriel, 1927-2014. 2. Barcha, Mercedes, 1932-2020. 3. Escritores colombianos - Biografia. I. Nepomuceno, Eric. II. Título.

22-76637
CDD: 928.61
CDU: 929:821.134.2(862)

Meri Gleice Rodrigues de Souza – Bibliotecária – CRB-7/6439

Copyright © Rodrigo García, 2021

Traduzido a partir do espanhol *Gabo y Mercedes: una despedida*

Texto revisado segundo o novo Acordo Ortográfico da Língua Portuguesa.

Todos os direitos reservados. Proibida a reprodução, no todo ou em parte, através de quaisquer meios. Os direitos morais do autor foram assegurados.

Direitos exclusivos de publicação em língua portuguesa somente para o Brasil
adquiridos pela
EDITORA RECORD LTDA.
Rua Argentina, 171 – Rio de Janeiro, RJ – 20921-380 – Tel.: (21) 2585-2000, que se reserva a propriedade literária desta tradução.

Impresso no Brasil

ISBN 978-65-5587-509-6

Seja um leitor preferencial Record.
Cadastre-se no site www.record.com.br e receba informações sobre nossos lançamentos e nossas promoções.

Atendimento e venda direta ao leitor:
sac@record.com.br

"
Então foi até a castanheira, pensando no circo, e enquanto urinava tratou de continuar pensando no circo, mas não achou mais a lembrança. Enfiou a cabeça entre os ombros, como um franguinho, e ficou imóvel com a testa apoiada no tronco da castanheira. A família não ficou sabendo até o dia seguinte, às onze da manhã, quando Santa Sofía de la Piedad foi jogar o lixo no baldio dos fundos e reparou que os urubus estavam baixando.
"

Cem anos de solidão

1.

Quando meu irmão e eu éramos pequenos, meu pai nos fez prometer que passaríamos com ele a véspera do Ano-Novo de 2000. Ele nos recordou esse compromisso várias vezes ao longo da nossa adolescência, e sua insistência me incomodava. Com o tempo cheguei a interpretar essa insistência como um desejo dele de estar vivo quando a data chegasse. Ele teria setenta e dois anos e eu, quarenta, e o século XX chegaria ao fim. Na minha adolescência esses marcos não podiam parecer mais distantes. Depois que meu irmão e eu nos tornamos adultos, a promessa era mencionada raramente, mas de fato estivemos todos juntos em sua cidade favorita, Cartagena das Índias, na noite do novo milênio. "Você e eu tínhamos um acordo", me disse ele com timidez, e talvez também um pouco incomodado com a própria insistência. "É verdade", confirmei, e nunca mais voltamos a tocar no assunto. Ele viveu mais quinze anos.

No final dos seus sessenta, perguntei a ele o que pensava de noite, depois de apagar a luz. "Penso que isto está quase terminando." Depois acrescentou, com um sorriso: "Mas ainda tem tempo. Ainda não há necessidade de se preocupar muito." Seu otimismo era sincero, e não só uma tentativa de me consolar. "Um dia você acorda e está velho. Assim, sem aviso prévio. É assustador", acrescentou. "Anos antes, escutei que chega um momento na vida do escritor em que ele já não consegue mais escrever uma obra de ficção extensa. É verdade. Já sinto isso. Por esse motivo, de agora em diante, serão textos mais curtos."

Quando ele tinha oitenta, perguntei o que sentia.

— O panorama dos oitenta é impressionante. E o fim se aproxima.

— Você está com medo?

— Sinto uma tristeza enorme.

Quando recordo esses momentos, me comovo de verdade com sua franqueza, principalmente por causa da crueldade das perguntas.

2.

Ligo para minha mãe no meio da semana, numa manhã de março de 2014, e ela me diz que faz dois dias que meu pai está de cama por causa de um resfriado. Não é raro isso acontecer com ele, mas ela garante que desta vez é diferente. "Não come e não quer se levantar. Não é mais o mesmo. Está apático. Com o Álvaro começou assim", diz ela, se referindo a um amigo da geração do meu pai que tinha morrido no ano anterior. "Desta, a gente não sai", foi seu prognóstico. Depois do telefonema eu não me preocupei, porque o vaticínio de minha mãe podia ser atribuído à ansiedade. Faz tempo que ela está numa etapa da vida em que é frequente perder velhos amigos. E a recente perda de dois de seus irmãos mais novos e mais queridos foi um golpe muito duro para ela. Ainda assim, o telefonema faz minha imaginação voar. É assim que começa o final?

Minha mãe, que sobreviveu duas vezes ao câncer, precisa ir a Los Angeles para uns exames médicos, e por isso fica decidido que meu irmão irá de Paris, onde mora, para a Cidade do México, ficar com nosso pai. Eu estarei com nossa mãe na Califórnia. Assim que meu irmão chega, o cardiologista e médico que cuida do meu pai informa que ele está com pneumonia, e que para a equipe seria mais fácil se pudessem hospitalizá-lo para mais exames. Parece que, alguns dias antes, ele havia sugerido isso à minha mãe, mas ela se mostrara reticente. Talvez tivesse medo do que poderiam descobrir num exame físico mais minucioso.

3.

Os telefonemas com meu irmão nos dias seguintes me permitem fazer uma ideia da estada no hospital. Quando meu irmão interna meu pai, a recepcionista dá um pulo na cadeira de pura emoção ao escutar seu nome. "Deus meu, o escritor? Posso ligar para a minha cunhada e contar? Ela precisa saber disso." Ele pede que não faça isso, e ela concorda, apesar de contrariada. Acomodam meu pai num quarto relativamente isolado, no final de um corredor, para proteger sua privacidade, mas, em questão de algumas horas, médicos, enfermeiras, serventes, técnicos, outros pacientes, o pessoal de manutenção e da limpeza, e talvez até a cunhada da recepcionista, aparecem na porta do quarto para dar uma espiada. O hospital restringe o acesso à área. Além disso, os jornalistas começaram a se juntar na frente da entrada principal do hospital e a notícia de que ele está em estado grave é publicada. Tudo isso nos alerta de maneira forte e clara, não resta nenhuma dúvida: a doença do meu pai será, em parte, assunto público. Não podemos fechar totalmente a porta, porque grande parte da curiosidade gerada é causada por preocupação, admiração e carinho. Quando crianças, nossos pais invariavelmente se referiam a nós, com ou sem razão, como os meninos mais bem-comportados do mundo, e por isso temos de atender à expectativa. Devemos aceitar esse desafio, não importa se teremos ou não a força necessária, com cortesia e gratidão. Temos que fazer isso de um jeito que minha mãe sinta que a linha entre o público e o privado, aconteça o que acontecer, seja rigorosamente respeitada. Isso sempre teve uma enorme importância para ela, apesar de, ou talvez por causa disso, seu vício pelos mais escabrosos programas de intrigas na televisão. "Não somos figuras públicas", ela gosta de nos fazer lembrar. Sei que não publicarei essas memórias enquanto ela puder ler o que escrevo.

Faz dois meses que meu irmão não vê meu pai, e agora sente que ele está mais desorientado que de costume. Meu pai não o reconhece e está nervoso porque não sabe onde está. A presença de seu motorista e de sua secretária o acalma um pouco. Eles se revezam para visitá-lo, e um deles, ou a cozinheira ou a empregada, passa a noite ao lado do meu pai no hospital. É melhor que meu irmão não fique, pois meu pai precisa de um rosto mais familiar se acordar no meio da noite. Os médicos perguntam ao meu irmão como ele vê meu pai em comparação a algumas semanas antes, já que não podem assegurar que seu estado mental seja produto da demência ou de sua debilidade atual. Ele não está totalmente alerta nem consegue responder a perguntas simples de maneira coerente. Meu irmão confirma que, embora veja que ele está um pouco pior, já estava assim fazia muitos meses.

Este é um dos principais hospitais universitários do país, por isso de manhã cedo aparece um médico acompanhado por uma dúzia de internos. Todos se reúnem ao pé da cama e escutam enquanto o médico examina a condição e o tratamento do paciente; e é evidente para meu irmão que os jovens médicos não têm ideia de quem está acamado no quarto onde haviam acabado de entrar. Quando aos poucos entendem, é possível ver uma curiosidade dissimulada em cada rosto que observa o paciente. E, quando o médico pergunta se alguém quer perguntar alguma coisa, todos negam com a cabeça e vão atrás dele feito patinhos.

Pelo menos duas vezes ao dia, quando chega ou sai do hospital, no tumulto dos jornalistas, meu irmão é chamado aos gritos. Feito um cavalheiro do começo do século XIX, nunca falta com a cortesia, e por isso é fisicamente incapaz de ignorar um ser humano que se dirija diretamente a ele. Então, quando perguntam "Gonzalo, como seu pai está?", sente-se obrigado a se aproximar do grupo e fica preso numa improvisada entrevista coletiva. Vejo as cenas na televisão, e ele, embora nervoso, se sai muito bem, movido por pura educação. Digo a ele que deixe esse costume. Explico que, quando a gente vê a fotografia de uma estrela de cinema saindo de um café com aparente mau humor, a cabeça inclinada e ignorando o mundo à sua volta, ela não está sendo grosseira nem arrogante. Só tenta chegar ao seu carro o mais depressa possível e com alguma dignidade. Ele me escuta com a inquietação de alguém a quem querem convencer a participar de um crime. Quando finalmente aceita minha recomendação, ele não deixa de se sentir culpado, mas admite que, com o tempo, poderia assimilar alguns dos hábitos pagãos do mundo do espetáculo.

A pneumonia do nosso pai responde ao tratamento, mas as imagens da tomografia revelam acúmulo de líquido na região pleural e umas zonas suspeitas no pulmão e no fígado. São compatíveis com tumores malignos, mas os médicos estão reticentes em especular sem as biópsias. As áreas em questão, dizem eles, são de difícil acesso, e por isso as amostras dos tecidos precisariam ser colhidas com anestesia geral. Diante de seu atual estado de debilidade, é possível que depois não consiga respirar por conta própria e que seja necessário usar um respirador. É o que mais acontece nas séries médicas da televisão; simples, mas não menos assustador. Em Los Angeles, explico a situação para minha mãe e, tal como imaginava, ela recusa o respirador. Portanto, sem cirurgia, biópsia ou diagnóstico de câncer não há tratamento.

Meu irmão e eu discutimos o assunto e decidimos que ele deve pressionar um dos médicos, o residente ou o pneumologista, e forçar uma previsão. Meu irmão pergunta: "No caso de o pulmão ou o fígado ter tumores malignos — no caso, apenas no caso —, qual seria o prognóstico?" Teria uns poucos meses de vida, talvez pudesse se estender, porém só com quimioterapia. Descrevo a situação e os sintomas ao oncologista e amigo do meu pai em Los Angeles, que diz com muita serenidade: "Possivelmente é câncer no pulmão." E depois acrescenta: "Se suspeitam disso, levem seu pai para casa e façam com que ele fique o mais confortável possível, e de jeito nenhum tornem a levá-lo ao hospital. A hospitalização vai devastar vocês todos." Consulto meu sogro no México, ele também é médico, e de maneira geral sua reação é a mesma: afastar-nos do hospital, fazer com que tudo seja mais fácil para o meu pai e para todos nós.

4.

Preciso falar com minha mãe e confirmar seus piores temores: o homem que foi seu marido por mais de meio século é agora um doente em estado terminal. Espero até ficarmos sozinhos, num sábado pela manhã, e começo a explicar para ela a situação, repassando meticulosamente o que havíamos vivido e o que nos espera, e ela me escuta e olha para mim com um leve desinteresse, apática, como se escutasse uma história já ouvida muitas vezes. Porém, quando chego ao ponto crucial, tento ser sucinto e claro: é muito provável que seja câncer no pulmão ou no fígado, ou nos dois, e só restam a ele alguns poucos meses de vida. Antes que sua expressão revele alguma coisa, seu telefone toca e ela atende, o que me surpreende totalmente. Observo minha mãe, estupefato, enquanto ela fala com alguém na Espanha e me impressiona esse palpável, palpitante e clássico exemplo de negação. À sua maneira, é algo belo além de cálido. Apesar de sua fortaleza e de seus recursos, reage como qualquer pessoa. Apressa o telefonema e desliga, então vira-se para mim e me diz tranquilamente: "E então?", como se tivéssemos que decidir se é melhor pegar uma avenida ou uma rua secundária. "Gonzalo vai levar papai para casa depois de amanhã. Você e eu devemos voltar para o México." Ela concorda, enquanto assimila tudo, e depois pergunta:

— E então, para o seu pai é um ponto final?
— É o que parece.
— Santa mãe! — diz ela e acende o cigarro eletrônico.

5.

Escrever sobre a morte de um ente querido deve ser quase tão antigo como a própria escrita, e, ainda assim, quando me disponho a fazer isso, imediatamente forma-se um nó em minha garganta. A ideia de fazer anotações me aterroriza, me envergonho enquanto escrevo, me decepciono quando faço a revisão. O que torna o assunto emocionalmente turbulento é o fato de meu pai ser uma pessoa famosa. Além da necessidade de escrever, no fundo pode estar à minha espreita a tentação de promover minha própria fama na era da vulgaridade. Talvez fosse melhor resistir ao chamado e permanecer humilde. A humildade é, afinal, minha forma preferida de vaidade. Mas, como costuma ocorrer com a escrita, o tema escolhe você, e toda resistência seria inútil.

Uns meses antes uma amiga me pergunta como meu pai está com a perda da memória. Digo a ela que ele vive estritamente o presente, sem a carga do passado, livre de expectativas sobre o futuro. Os prognósticos baseados na experiência prévia, considerados de relevância evolutiva, bem como as origens de sua narração, já não têm um papel na sua vida.

— Então, não sabe que é mortal — conclui ela. — Que sorte a dele.

Claro que o cenário que descrevi para ela está simplificado. Adaptado da realidade. O passado ainda tem um papel em sua vida consciente. Conta com o eco longínquo de suas notáveis habilidades interpessoais para fazer a qualquer um com quem conversa uma série de perguntas diretas: "Como vai tudo?", "Onde você está morando?", "Como vai o seu pessoal?" Às vezes se arrisca num intercâmbio mais ambicioso e se desorienta na metade do caminho, perde o fio da meada ou fica sem palavras. A expressão de desconserto em seu rosto (bem como o embaraço que o atravessa por um instante, feito um sopro de fumaça na brisa) revela um passado onde a conversa era para ele tão natural quanto respirar. Conversa engenhosa, divertida, evocadora, provocadora. Seu grupo de amigos de mais idade apreciava o fato de ele ser um grande *conversador* quase tanto como o de ser um bom escritor. Tampouco deixou todo o futuro para trás. Ao anoitecer, costuma perguntar: "Onde vamos esta noite? Vamos a algum lugar divertido. Vamos dançar. Por quê? Por que não?" Se mudam de assunto várias vezes, ele esquece.

Reconhece a minha mãe e se dirige a ela de maneira alternativa como Meche, Mercedes, A Mãe, A Santa Mãe.

Houve alguns meses muito difíceis, não faz tanto tempo, em que recordava sua esposa da vida inteira, mas achava que a mulher que estava na frente dele, garantindo que era ela, não passava de uma impostora.

— Por que essa mulher está aqui dando ordens e controlando a casa se não é nada minha?

Minha mãe reagia com raiva.

— O que está acontecendo com você? — perguntava com incredulidade.

— Não é ele, mamãe. É a demência.

Ela me olhava como se eu tentasse enganá-la. Surpreendentemente, esse período passou, e na mente do meu pai ela recuperou o lugar que pertencia à minha mãe como sua acompanhante principal. É o último laço. A secretária, o motorista, a cozinheira, que trabalham na casa há anos, ele reconhece como pessoas familiares e gente amável, de confiança, mas já não sabe como se chamam. Quando meu irmão e eu o visitamos, ele olha longa e vagarosamente para nós, com uma curiosidade desinibida. Nossos rostos tocam algo distante, mas já não nos reconhece.

— Quem são essas pessoas no quarto aí ao lado? — pergunta para a empregada.

— São seus filhos.

— Sério mesmo? Esses homens? Caralho... Que incrível.

Faz um par de anos, houve um período mais desagradável. Meu pai estava plenamente consciente de que a memória estava virando fumaça. Pedia ajuda com insistência, repetindo algumas vezes que estava perdendo a memória. O preço de ver uma pessoa nesse estado de ansiedade e ter que tolerar suas intermináveis repetições, uma, duas, tantas vezes, é enorme. Dizia ele: "Trabalho com a minha memória. A memória é minha ferramenta e minha matéria-prima. Não consigo trabalhar sem ela, me ajudem", e depois repetia de várias maneiras, muitas vezes por hora e por horas a fio. Era extenuante. Com o tempo, passou. Recobrava alguma tranquilidade e às vezes dizia:

— Estou perdendo a memória, mas por sorte esqueço que estou perdendo a memória...

Ou

— Todos me tratam como se eu fosse criança. Ainda bem que eu gosto...

Sua secretária me conta que numa tarde o encontrou sozinho, de pé no meio do jardim, olhando para o nada, perdido em pensamentos.

— O que o senhor veio fazer aqui fora, dom Gabriel?
— Chorar.
— Chorar? Mas o senhor não está chorando.
— Estou sim, mas sem lágrimas. Você não percebe que minha cabeça está uma merda?

Em outra ocasião, disse a ela:
— Esta não é a minha casa. Quero ir para casa. A do meu pai. Tenho uma cama ao lado da dele.

Suspeitamos que a referência não seja ao seu pai, e sim ao seu avô, o coronel (e que inspirou o coronel Aureliano Buendía), com quem ele morou até os oito anos e que foi o homem mais influente em sua vida. Meu pai dormia num colchonete no chão, ao lado da cama dele. Nunca voltaram a se encontrar depois de 1935.

— É o que acontece com o seu pai — me disse sua assistente. — Ele pode falar de um jeito bonito até das coisas mais horríveis.

6.

Certa manhã, uma mulher que trabalha numa empresa que aluga equipamentos médicos entrega uma cama de hospital e a instala no quarto de hóspedes, sob a supervisão da secretária de papai. Mais tarde, no noticiário da noite, a mulher vê chegar a casa onde esteve uma ambulância que traz meu pai de volta do hospital e fica sabendo para quem é a cama. No dia seguinte nos escreve uma carta em nome de seu chefe, dizendo que é uma honra proporcionar uma cama de hospital para ser usada pelo meu pai, e que naturalmente será de graça. A reação inicial da minha mãe é recusar, porque pensa que sempre devemos pagar do próprio bolso. Mas nós a convencemos a aceitar. Uma coisa a menos com que se preocupar.

Depois que papai sai do hospital, seu atestado de alta aparece publicado num tabloide. Parece que meu irmão deixou cair o documento, e que uma visitante do hospital o encontrou; ela deu de presente para a filha, que se recuperava de uma cirurgia e é uma ávida leitora dos livros do meu pai. Como chegou às mãos da imprensa continua sendo um mistério.

7.

Desde que correu a notícia de que meu pai estava hospitalizado, a imprensa e os admiradores começaram a se reunir na frente da casa. No dia em que ele chega do hospital, já há umas cem pessoas esperando, e a prefeitura manda a polícia para isolar um perímetro de distância da porta principal. A ambulância que traz meu pai do hospital estaciona de ré na garagem, mas é muito comprida e por isso os portões não fecham. Meu irmão, uma empregada e a secretária do meu pai levantam uns lençóis para evitar que tirem fotos enquanto ele é retirado pela porta detrás da ambulância e levado para dentro de casa. A foto divulgada do meu irmão segurando alguns lençóis para proteger a pouca privacidade que nos resta me enfurece. Calma, digo a mim mesmo, a maioria das pessoas na porta é de leitores e de alguns veículos de comunicação sérios, e não de tabloides.

Os jornalistas abordam descaradamente os amigos e os médicos que entram ou saem com perguntas sobre qualquer novidade. Nós, da família, costumamos estacionar em outra garagem e fechamos o portão, e assim nos salvamos. A secretária de papai me diz que, numa das raras ocasiões em que minha mãe sai de casa nessa semana, na volta, o portão da garagem não abre. A única opção é andar uns dez passos até a porta principal. Quando ela sai do carro, a rua fica em completo silêncio, numa mostra espontânea e admirável de respeito. Ela percorre a distância com a cabeça ligeiramente inclinada, como se estivesse perdida em pensamentos, mas não parece mais alterada do que se estivesse indo do seu quarto ao banheiro, alheia ou indiferente à mudança de ambiente que provoca ao passar. Meu pai costumava dizer que ela era a pessoa mais admirável que ele havia conhecido na vida.

Decidimos que meu pai não pode ficar no quarto de casal, onde o cuidado que ele demanda perturbaria o sono da minha mãe. Ele é acomodado no outro extremo do mesmo corredor, num quarto de hóspedes que também é utilizado como sala de projeção de filmes. Décadas atrás, era um terraço grande, onde os estudantes se reuniam comigo e com meu irmão para fumar, mas com o tempo foi fechado.

Depois que o instalam na cama de hospital, as primeiras palavras do meu pai, emitidas num sussurro áspero e difícil de entender, são "Quero ir para casa". Minha mãe explica que ele está em casa. Ele olha ao redor com uma espécie de decepção, aparentemente sem reconhecer nada. Levanta a mão direita trêmula em direção ao seu rosto, num gesto que é muito próprio dele. A mão pousa sobre a testa e depois desliza muito lentamente sobre os olhos para fechá-los. Para completar, franze o cenho e aperta bem os lábios. É um gesto que faz em sinal de esgotamento, de concentração ou quando fica preocupado ou assombrado por alguma coisa que acabou de escutar. Normalmente alguma coisa ligada ao sofrimento de alguém. Vemos esse gesto com frequência nos dias seguintes.

Suas duas ajudantes de sempre e as duas enfermeiras que trabalham em turnos alternados vão cuidar do meu pai. A enfermeira que trabalha durante o dia é impressionante. Foi recomendada pelo hospital quando ele teve alta. Tem trinta e muitos anos, casada, não tem filhos, é educada, bem-humorada, segura e irradia bom senso. Suas anotações são minuciosas e escritas com letra legível, os remédios e as provisões estão impecavelmente arrumados, as cortinas do quarto são abertas ou fechadas ao longo do dia para deixar apenas uma confortável quantidade de luz no ambiente. O encanto de observar alguém que se sobressai no que faz, somado ao consolo oferecido pelo apoio de um empático profissional da saúde, a transforma numa companhia imprescindível. Além disso, é afetuosa com seu paciente, e costuma se dirigir a ele como "meu amor", "garotinho bonito". Uma única vez a vejo aflita. Quando revisa as últimas instruções do médico, acha um formulário que considera incompleto ou uma inconsistência nos documentos relacionados com as ordens de meu pai de "Não Ressuscitar". Durante uma interminável meia hora, deixa tudo de lado enquanto examina os documentos e grava recados telefônicos. Por fim, conversa com o cardiologista e fica satisfeita com o que ele diz. Depois que minha mãe imprime suas iniciais pela última vez e garanto a ela que tudo está de acordo com o desejo de todos, ela volta à sua rotina, visivelmente aliviada.

De vez em quando, meu pai desperta e causa alvoroço ao seu redor. Nós da família, os cuidadores e, não poucas vezes, um médico em visita domiciliar ficamos felizes de interagir com ele. Fazemos perguntas a ele, escutamos cuidadosamente suas respostas e estimulamos a conversa. Adoramos o fato de que ele esteja desperto, e os médicos e as enfermeiras se emocionam ao conversar com o lendário mestre. Ele fala com uma propriedade que nos faz esquecer, na alegria do momento, que está há anos afundado na demência, e que o homem com quem falamos quase não está mais presente, nem entende nada, e é simplesmente ele.

Algumas vezes por dia ele é mudado de posição na cama e recebe massagens e faz alongamentos. Se está acordado, posso ver que certo prazer sonolento o invade. Uma tarde, um médico jovem — chefe dos internos do hospital, filho de pai colombiano — passa para cumprimentar meu pai. Pergunta como ele se sente, e a resposta do meu pai é "Fodido". A enfermeira informa em seu longo resumo que meu pai está com a pele irritada e que "cuidaram de seus genitais" aplicando creme na região. Meu pai escuta e faz cara de terror. Mas depois sorri, e sua expressão não mente: está brincando. Depois, para ser claro, acrescenta: "Ela quer dizer nas minhas bolas." Todos morrem de rir. Parece que seu senso de humor sobreviveu à demência. Faz parte de sua essência. Em geral, meu pai foi um homem discreto em relação ao seu físico. Até mesmo pudico. Mas não creio que teria ficado contrariado com a maneira que está sendo cuidado. O afeto que recebe o teria comovido muitíssimo.

Na hora da mudança de plantão da equipe de enfermagem, dois enfermeiros e dois auxiliares, bem como as empregadas da casa, se reúnem no quarto por alguns minutos. A secretária do meu pai comenta, olhando os pés dele enquanto trocam os lençóis, que havia ouvido dizer que ele tinha pés bonitos, mas nunca os tinha visto. Todas as mulheres olham para os pés do meu pai e concordam. Onde demônios ela escutou isso, nem ideia. Melhor nem perguntar.

O som de um coro de vozes femininas às vezes desperta meu pai. Ele abre os olhos que se iluminam assim que as mulheres se voltam na direção dele e o cumprimentam com carinho e admiração. Numa dessas ocasiões, estou no quarto ao lado quando escuto o grupo de mulheres às gargalhadas. Entro e pergunto o que está acontecendo. Dizem que meu pai abriu os olhos, olhou para elas com atenção, e disse tranquilamente:
— Não consigo trepar com todas.
Um momento depois, quando minha mãe entra, sua voz e sua presença o iluminam.

8.

Na nossa infância, meus pais faziam a sesta todos os dias à tarde, quase sem exceção. De vez em quando meu pai nos pedia que o acordássemos se ele ainda estivesse dormindo depois de determinada hora. Meu irmão e eu aprendemos desde muito pouca idade que isso era algo arriscado. Se alguém estivesse parado bem perto dele quando o acordava, ou, Deus nos livre, se desse um cutucão nele, meu pai se assustava a ponto de acordar gritando, debatendo-se para tentar se proteger de alguma coisa ou de alguém, aterrorizado, respirando com dificuldade. Demorava alguns instantes até se localizar neste mundo. Por causa disso, desenvolvemos uma estratégia: ficar na porta do quarto e chamar seu nome com uma voz monótona, baixa e agradável. Mesmo assim, às vezes ele acordava num pulo, mas isso não costumava acontecer muito. E, se a reação fosse de terror, podíamos nos retirar para o corredor rapidamente.

Depois de um bom despertar, ele esfregava a cara com as duas mãos como se se lavasse lentamente, depois nos chamava pelo apelido favorito, Cachorro Burro. Fazia sinais com a mão para que chegássemos perto, mandava que o beijássemos e depois perguntava: "O que há de novo? Como vão as coisas?" Também não era raro escutar seus gemidos e sua respiração difícil à noite, então minha mãe sacudia seu ombro com força para que acordasse. Numa ocasião, perguntei a ele, depois de uma sesta agitada, com o que havia sonhado. Fechou os olhos para lembrar.

— É um belo dia e estou numa canoa sem remos, vou à deriva muito devagar, em paz, corrente abaixo, num rio calmo.

— E cadê o pesadelo nisso?

— Não tenho ideia.

E, no entanto, creio que sim, ele sabia. Apesar de sua persistente negação de qualquer simbologia em sua escrita e de seu desdém por todas as teorias acadêmicas ou intelectuais que pudessem elucidar qualquer metáfora em suas histórias, ele sabe que é refém do inconsciente como todos nós. Ele sabe que certas coisas são a expressão de outras. E, assim como muitos escritores, ele está obcecado com a perda e com sua manifestação máxima, a morte. A morte como ordem e desordem, como lógica e falta de sentido, como o inevitável e o inaceitável.

9.

No início de seus setenta anos, durante e após várias rodadas de quimioterapia, meu pai escreveu seu livro de memórias. Inicialmente, foi concebido como uma série de livros; o primeiro começava com suas recordações mais antigas e terminava com sua mudança para Paris, aos vinte e sete anos, para trabalhar como correspondente. Acontece que, depois do primeiro volume, não escreveu nenhum outro, acima de tudo porque ele se preocupava com o fato de que escrever sobre os períodos de sucesso podia se transformar, a exemplo de tantas memórias de famosos, em apenas orgulho de conhecer pessoas de renome. Certa noite com fulano de tal, visita ao estúdio do célebre pintor, conspiração com um ou outro chefe de Estado, um café da manhã com um insurgente carismático.

— Só me interessa o primeiro livro — dizia —, porque trata dos anos que me transformaram em escritor.

Em outro contexto, disse certa vez:

— Nada interessante me aconteceu depois dos meus oito anos.

Era a idade que tinha quando deixou a casa de seus avós, no povoado de Aracataca, e o mundo que inspirou sua obra inicial. Seus primeiros livros, admitia, foram ensaios para *Cem anos de solidão*.

Ao pesquisar para suas memórias, localizou amigos da época da pré-escola, sendo que muitos deles não via ou não tivera notícia desde então. Em alguns casos ele só conseguiu falar com um filho ou uma filha ou a esposa, porque o amigo já tinha falecido. Esperava que alguns tivessem morrido ao longo do caminho, mas ficou quebrado pelos que haviam morrido nos últimos anos. Homens que tinham vivido plenamente, vidas felizes e produtivas, e que haviam morrido aos setenta, idade que era a expectativa de vida média no mundo. Assim, a morte daqueles homens da mesma idade dele não tinha sido trágica, mas apenas o final de um ciclo natural da vida. Depois desse período, ele começou a dizer que "está morrendo muita gente que antes não morria", e se divertia com os riscos que provocava.

10.

Apesar de sua natureza sociável e de uma aparente comodidade com a vida pública, meu pai era uma pessoa bastante discreta, até mesmo introvertida. Isso não quer dizer que fosse incapaz de desfrutar da fama ou que, depois de décadas de adulação, fosse imune ao narcisismo, mesmo assim sempre suspeitou da fama e do êxito literários. Fazia com que a gente lembrasse (e a si mesmo) muitas vezes ao longo dos anos que Tolstói, Proust e Borges nunca levaram o prêmio Nobel, nem três de seus escritores favoritos: Virginia Woolf, Juan Rulfo e Graham Greene. Achava que o sucesso não era uma coisa que tivesse conseguido, mas que tinha acontecido. Nunca relia seus livros (embora tenha feito isso muitas vezes já tarde na vida, quando sua memória estava se desvanecendo) por temor a achar que eram vergonhosamente deficientes e que isso paralisaria sua criatividade.

11.

Pego um avião de volta a Los Angeles para continuar por alguns dias o trabalho num filme que estou editando. É uma história de pais e filhos, e a longa cena do clímax, que nos ocupa nesse momento, tem a ver com a morte do pai por uma série de circunstâncias das quais o filho pode ser, em parte, culpado. Há um enfrentamento, seguido de algo parecido com um acidente, uma cena de agonia, o transporte e a limpeza do cadáver, e uma espécie de ritual final que destrói o corpo e apaga para sempre o pai da face da Terra. O fato de eu ter que trabalhar nisso enquanto meu pai está em suas últimas semanas é uma coincidência nefasta que não escapa a ninguém. Assumo isso como algo que é necessário enfrentar e aceitar: o sentido do humor de Deus. Mas, conforme o tempo passa, não posso fingir que trabalhar nessas cenas não seja insuportável. É desgastante. Eu me odeio por ter escrito essa história. Como demais, principalmente chocolate, para mitigar um pouco a dor. Talvez a única história que valha a pena contar é a que nos faz rir. Farei isso na próxima vez, tenho certeza. Ou talvez não.

Durante alguns anos, depois que comecei a trabalhar como diretor de cinema, costumavam me perguntar quais artistas tinham me influenciado. Com muita diligência eu lançava uma lista de nomes, mais ou menos original, em grande parte óbvia, até que um dia percebi que estava sendo desonesto. Nenhum diretor, escritor, poeta — nenhuma pintura nem nenhuma canção — me influenciaram mais que meus pais, meu irmão, minha esposa e minhas filhas. Quase tudo o que vale a pena saber ainda se aprende em casa.

12.

Na minha volta ao México, meu pai está em casa faz pouco mais de uma semana, mas minha mãe já se vê muito cansada. E me pergunta se acho mesmo que serão meses, e o faz de tal forma que é evidente que não se sente capaz de digerir esse espaço de tempo. No entanto, a convalescença do meu pai na casa é serena. Está num quarto longe dos quartos principais, atendido dia e noite, e em geral tranquilo. No resto da casa parece que não ocorre nada de extraordinário. Para minha mãe, porém, o tic-tac do relógio nesse quarto é impiedosamente lento e tão forte como o campanário de uma catedral.

Digo a ela que não creio que seja tão pouco tempo, mas minha opinião se baseia apenas em meu desejo de consolá-la. Na manhã seguinte, o cardiologista regressa e depois de examinar meu pai por um longo tempo muda de opinião: já não serão meses, serão semanas. Três, talvez, no máximo. Mamãe escuta em silêncio, fumando, talvez aliviada e igualmente consternada.

Mais tarde, um geriatra que aparenta estar na casa dos quarenta passa para explicar à minha mãe os cuidados na fase final. É o mais jovem dos muitos médicos com quem tratamos recentemente, o que é inesperado, se assumirmos que um jovem não poderia compreender os problemas da velhice. Minha mãe o interroga como faz com todo mundo. Ele nos revela que há um linfoma em remissão, e passo a vê-lo sob uma luz diferente. Ele parece, de repente, vulnerável e contido. A possibilidade de que possa estar num perigo mais iminente que seus pacientes várias décadas mais velhos deve ser inquietante. Diz que, se quando chegar o momento, quisermos acelerar as coisas, o gotejar de líquidos em meu pai pode ser interrompido. Alguns países, explica, consideram que a água é um direito humano que não pode ser negado a um paciente em nenhuma circunstância. A legislação mexicana é diferente, e, não raro, membros de família interrompem a hidratação quando o final está muito próximo. O paciente nesse estado geralmente está sedado e não sofre. Escutamos em silêncio, como se estivéssemos presenciando um estranho monólogo numa obra experimental. As ideias são intrigantes e absurdas. Práticas, compassivas, homicidas.

13.

Minha mãe e eu estamos sentados juntos, assistindo ao noticiário de um canal a cabo quando, do nada, ela me diz: "Precisamos estar preparados porque isso vai ser um circo." Está se referindo à reação nos meios de comunicação e entre os leitores e amigos de todo o mundo quando meu pai morrer. Muitíssimos começaram a telefonar e a escrever desde a notícia de sua hospitalização. Depois, alguns veículos de comunicação anunciaram que ele tinha voltado para passar seus últimos dias em casa. Tem oitenta e sete anos, por isso não é muito arriscado supor que de fato possa estar tendo problemas.

Eu e meu irmão decidimos que assim que nosso pai morrer devemos ligar para alguns jornalistas que conhecemos pessoalmente. É uma lista pequena: dois jornais da Colômbia, um era o mais importante do país, e o outro, onde meu pai começou sua carreira quando tinha pouco mais de vinte anos. No México, decidimos por um dos principais nomes do jornalismo do país, uma mulher que tem programas de notícias na rádio e na televisão. Também vamos ligar para uns poucos amigos próximos que possam divulgar a notícia do jeito que considerarem oportuno. Sua agente e amiga é um deles, claro, assim como um casal de Barcelona e um de seus irmãos, a pessoa-chave para a família na Colômbia. Já estão sabendo que o fim está perto.

"

Então cruzou os braços contra o peito e começou a ouvir as vozes radiosas dos escravos cantando a salve-rainha das seis nos trapiches, e avistou no céu pela janela o diamante de Vênus que ia embora para sempre, as neves eternas, a trepadeira nova cujas campânulas amarelas não veria florescer no sábado seguinte na casa fechada pelo luto, os últimos fulgores da vida que nunca mais, pelos séculos e séculos, tornaria a se repetir.

"

O general em seu labirinto

14.

Volto a Los Angeles para passar mais uns dias na sala de edição. Na minha segunda noite em casa, vou cedo para a cama e, depois de apagar a luz, fico preocupado com a possibilidade de o telefone tocar no meio da noite e de eu levar um tremendo susto. As duas coisas acontecem. Do outro lado, escuto a voz do meu irmão, que soa deliberadamente tranquila.

— Alô. Ele está com muita febre. O médico diz que é melhor você voltar.

Assim que desligo, reservo por telefone um voo no primeiro horário e mergulho acordado na escuridão. Uma imensa tristeza me invade, pelo meu irmão, pela minha mãe e por mim. Quando meu irmão e eu éramos pequenos e morávamos no México e na Espanha, o restante da família dos dois lados estava na Colômbia, então tínhamos a forte sensação de que nós quatro éramos uma unidade, um clube de quatro. O clube estava a ponto de perder seu primeiro membro. É quase devastador.

No dia seguinte, durante o voo, num determinado instante não tenho certeza se estou viajando para o México ou do México, tamanho foi o atordoamento dos últimos dias. No aeroporto, enquanto vou da imigração até a esteira de bagagens, ligo para meu irmão.

— Ele tem menos de vinte e quatro horas — diz ele.

Merda. Como foi que passamos de "Restam a ele só alguns meses" e "Na verdade, algumas semanas" para "Vinte e quatro horas"? Depois de incontáveis conversas com enfermeiras, cirurgiões, oncologistas, pneumologistas, chefes de médicos residentes e geriatras, que evitaram rigorosamente a especulação, a audácia desta nova previsão é implacável. O cardiologista do meu pai se esforçou a cada etapa para explicar a diferença entre o possível e o provável. Agora, estamos no definitivo. A autoridade com que podem afirmar que sua vida terminará em um dia parece incrível, mas pelo visto não tem muita matemática. Os rins estão falhando, o potássio no sangue está aumentando, e isso fará o coração parar. É o mesmo final de centenas de milhões de indivíduos que o precederam. A vida, antiga do jeito que é, e por mais que se tenha vivido, continua sendo misericordiosamente imprevisível. A morte, quando ronda assim tão perto, raras vezes decepciona:

Vou até a esteira das bagagens enquanto as lágrimas escorrem pelo meu rosto, sinto-me tão constrangido quanto uma adolescente que medisse um metro e noventa e pesasse cento e nove quilos.

15.

Peço à enfermeira do turno do dia que me avise quando notar alguma mudança em meu pai ou algum sintoma que possa indicar que o fim está próximo. Acrescento que não tem pressa para que me avise, mas que, se notar alguma coisa, serei grato. A esposa do meu irmão e seus filhos voam de sua casa em Paris para cá, e minha esposa e nossas filhas tomam um voo na manhã seguinte.

Nessa tarde, enquanto minha mãe faz a sesta, trabalho um pouco no estúdio do meu pai. Olho para a casa lá fora e é surpreendente que esteja tranquila. Saio para o jardim e fico parado bem quieto e me assombra que nada revele o fato de que a vida de uma pessoa se estingue num quarto no andar de cima.

A casa fica num bairro construído entre os anos quarenta e cinquenta pelo arquiteto Luis Barragán. Originalmente, abrigava residências modernistas às quais se uniram, nos anos setenta e oitenta, mansões de mérito arquitetônico duvidoso. Meu pai nunca demonstrou entusiasmo pela região. Mas encontrou uma casa construída por um personagem excepcional, Manuel Parra, que criou o próprio estilo. É uma fusão dos estilos colonial mexicano, espanhol e mourisco, que frequentemente incorpora portas, molduras de janelas e material resgatado de demolições. Apesar da sinistra lista de ingredientes, as casas parecem autênticas e acolhedoras. Meu pai sempre admirou seu trabalho e achava que seria divertido, para não dizer um pouco perverso, morar em uma de suas casas naquela vizinhança de modernistas intelectuais e ostentosos palácios de mármore.

Na minha adolescência, eu costumava me deitar de costas na grama olhando o céu, e era muito apegado a este jardim. (Inclusive, já naquele tempo, eu achava que, para ser o lugar favorito de um menino, era pouco interessante.) O final do dia, daquela perspectiva privilegiada, era um prazer. Para quem passou anos na Cidade do México não é uma surpresa que, volta e meia, os entardeceres possam ser extraordinários. Às vezes, depois da chuva, o ar tem uma transparência renovada e uma fragrância deliciosa, e o vulcão Ajusco pode ser visto a distância, e cai sobre a cidade uma calma repentina, e tem-se a impressão de não estar numa caótica megalópole contaminada, e sim no mais esplêndido vale que já se viu, e por um instante há uma sensação tanto de nostalgia como de esperança. Meu irmão e minha cunhada se casaram neste jardim num dia ensolarado e, uma hora depois, no meio da festa, uma tempestade furiosa golpeou os toldos com granizos do tamanho de bolas de gude. Meu pai estava encantado. Na opinião dele, só podia ser o presságio de coisas boas. Estão há mais de trinta anos casados.

Neste jardim também foi celebrada uma festa pelos sessenta anos do meu pai, e ele decidiu convidar apenas os amigos da sua geração. Alguns amigos mais jovens se ofenderam e reclamaram. Ele se manteve firme, sem remorso: a casa não podia abrigar todas as pessoas de sua amplíssima vida, então ele escolheu o grupo de pessoas da sua idade. Na intimidade, sentia-se culpado por ferir os sentimentos dos demais.

Perambulo pelo andar térreo da casa. Arrumaram a cozinha depois do almoço e a sala de TV como de costume. Não é totalmente verdade, claro, já que os móveis, as peças de arte e os badulaques se acumularam em camadas por décadas e formam algo vagamente novo e ao mesmo tempo aprazivelmente antigo. Datar com exatidão é impossível. Há uma pequena e antiga estrutura rochosa semelhante a uma flor com pétalas tão afiadas quanto facas que estava lá desde o começo da década de 1980; um poema de Rafael Alberti escrito à mão que deve ser dos anos setenta, depois do seu regresso a Madri após quatro décadas de exílio; um autorretrato de Alejandro Obregón com furos de bala (uma noite, bêbado, o artista disparou com um revólver no olho da figura pintada por ele mesmo, furioso porque seus filhos adultos brigavam pela posse do quadro), e um livro de fotos de Latirgue que eu continuo lendo e olhando desde que tinha doze anos.

Durante quase vinte e cinco anos existiu um papagaio na casa que às vezes a gente ouvia assoviando para uma bela moça ausente, quando uma porta era fechada ou o telefone tocava, depois ele se acomodava em silêncio pelo resto do dia pelo esforço realizado. Muitos de nós não prestávamos atenção nele, mas ficamos todos arrasados quando ele morreu.

16.

Subo a escada e olho o interior do quarto do meu pai. A enfermeira do turno do dia faz umas anotações enquanto a auxiliar lê uma revista. Meu pai está completamente quieto, como se estivesse dormindo, mas dá para sentir que o quarto é diferente do resto da casa. Apesar de toda a calma, o tempo agora parece mover-se mais rápido aqui, como se tivesse pressa, impaciente para dar tempo a um outro tempo. É desconcertante.

Fico parado ao pé da cama e observo meu pai, enfraquecido como está, e me sinto ao mesmo tempo seu filho (seu filhinho) e seu pai. Tenho plena consciência de que conto com uma visão excepcional de seus oitenta e sete anos. O princípio, a metade e o fim estão na minha frente e se abrem como um livro e uma sanfona.

É uma sensação inquietante saber o destino de um ser humano. Claro que os anos que precederam meu nascimento são uma mistura de coisas que seus irmãos, minha mãe ou ele me contaram ou que foram recortadas por familiares, amigos, jornalistas e biógrafos e enriquecidas pela minha própria imaginação. Meu pai quando era um menino de não mais de seis anos jogando na posição de goleiro numa partida de futebol e sentindo que estava se saindo muito bem, melhor que de costume, todo orgulhoso. Um ano ou dois mais tarde, contemplando um eclipse solar sem a lente adequada e perdendo para sempre a visão no centro de seu olho esquerdo. Olhando da porta da casa de seu avô enquanto alguns homens passavam levando o cadáver de um sujeito, e a esposa seguindo atrás deles levando um menino numa das mãos e a cabeça decapitada do marido na outra. Meu pai cuspindo em sua gelatina de fruta ou comendo *patacones* em seu sapato para dissuadir vários de seus irmãos e irmãs de roubar sua comida. Na adolescência, numa viagem rio acima pelo Magdalena rumo ao colégio interno, sentindo-se miseravelmente solitário. Durante sua temporada em Paris, certa tarde visitou uma mulher e tentou encompridar a visita até que fosse convidado para comer, porque estava sem um centavo e fazia dias que não comia nada. Depois que seu plano fracassou, ao sair, revirou a lata de lixo dela e comeu o que encontrou. (Eu tinha quinze anos quando ele me contou isso na frente de outras pessoas, e senti tanta vergonha do meu pai como só um adolescente pode sentir.) Também andava por Paris uma jovem e melancólica chilena, Violeta Parra, com quem ele se encontrava ocasionalmente nas reuniões de latino-americanos expatriados, que escrevia e cantava muito bem umas canções sofridas e que anos mais tarde tiraria a própria vida. Uma tarde de 1966, na Cidade do México, quando subiu até o quarto onde minha mãe lia na cama e anunciou que acabara de escrever a morte do coronel Aureliano Buendía.

— Matei o coronel — disse, desconsolado.

Ela sabia o que aquilo significava para ele, e permaneceram juntos em silêncio com a triste notícia.

Até mesmo no longo período de seu enorme e extraordinário reconhecimento literário, de riqueza e exaltação, houve dias horríveis, é claro. A morte de Álvaro Cepeda aos quarenta e seis anos, em decorrência de um câncer, e a do jornalista Guillermo Cano, assassinado pelos cartéis das drogas aos sessenta e um, a morte de dois de seus irmãos (os mais jovens entre os dezesseis que tinham sido), a faceta alienante da fama, a perda de memória e a incapacidade de escrever que chegou com ela. No final, e pela primeira vez desde sua publicação, releu seus livros e foi como se estivesse lendo pela primeira vez. "De onde caralho saiu isso tudo?", me perguntou numa ocasião. Continuava relendo até o fim, em algum momento reconhecendo como livros familiares pela capa, mas de vaga compreensão de seu conteúdo. Às vezes, quando ele fechava um livro, se surpreendia ao encontrar seu retrato na contracapa, então voltava a abrir e tentava ler de novo.

Ali, de pé, eu gostaria de acreditar que seu cérebro, apesar da demência (e talvez com a ajuda da morfina), ainda é o caldeirão de criatividade que sempre foi. Talvez trincado, incapaz de regressar às ideias ou de sustentar os argumentos, mas ainda ativo. Sua imaginação sempre foi prodigiosamente fértil. Seis gerações da família Buendía deram forma a *Cem anos de solidão*, embora ele tivesse material suficiente para mais duas gerações. Decidiu não incluir esse material com medo de que o romance ficasse longo demais e tedioso. Considerava que uma enorme disciplina era uma das pedras angulares para escrever um romance, em particular quando se tratava de estruturar a forma e os limites do relato. Discordava daqueles que diziam que era uma forma mais livre e, portanto, mais fácil que o roteiro cinematográfico ou o conto. Era imperativo, argumentava, que o romancista traçasse um plano para a própria rota, e atravessasse o que chamava de "terreno movediço do romance".

A viagem de Aracataca em 1927 até este dia de 2014 na Cidade do México é tão longa e extraordinária quanto possível, e essas datas numa lápide nem sequer poderiam ter a pretensão de abarcá-la. No meu ponto de vista, é uma das vidas mais venturosas e privilegiadas jamais vivida por um latino-americano. Ele seria o primeiro a estar de acordo.

17.

Na noite da quarta-feira meu sono é agitado. Sofro a angústia de que me acordem com um toque na porta para que me digam que ele morreu. Quando amanhece eu me levanto e vou até o seu quarto. A enfermeira me diz que ele não se mexeu a noite inteira. Está na mesma posição em que o vi pela última vez e respira de maneira quase imperceptível. Eu me pergunto se as enfermeiras ainda fazem alongamento nele e mudam sua posição para evitar as escaras causadas por ele ficar deitado na cama ou se já passamos desse ponto. Tomo um banho de chuveiro, me visto e volto para o quarto e, lá dentro, à luz da manhã, ele parece outra pessoa, um austero irmão gêmeo de traços demarcados e pele translúcida, e que não conheço tão bem. Eu me sinto diferente em relação a esse sujeito. Distante. Talvez seja esse o propósito da transformação, facilitar a separação, tal qual um simples olhar para um recém-nascido ativa instantaneamente os sentimentos de afeto.

Na cozinha me sento à mesa com a taciturna cozinheira que trabalhou temporadas na casa durante décadas e com quem meu pai se divertia muito por causa do seu mau humor. Vez por outra me olha sem dizer nada. Depois sai, segundo ela, para ver o patrão. "Vai que ele precisa de alguma coisa..."

Depois do café da manhã posso escutar os *vallenatos* que soam no quarto do meu pai. É seu gênero musical favorito, e sempre voltava a ele depois de períodos de infidelidade com a música de câmara ou com as baladas pop. Quando a perda de memória se acelerou, ainda assim ele podia recitar de cor muitos dos poemas do Século de Ouro espanhol, se dessem a ele o verso inicial. Depois que essa habilidade se desvaneceu, ainda conseguia cantar suas canções favoritas. O *vallenato* é uma expressão artística tão típica do lugar onde nasceu que mesmo nos seus últimos meses, incapaz de sequer recordar qualquer coisa, seus olhos se iluminavam de emoção com as notas de abertura de um clássico da sanfona. Sua secretária costumava colocar longas compilações dessa música, e ele se sentava em seu estúdio preso, feliz, num túnel do tempo. Por isso, nos últimos dias, as enfermeiras começaram a colocar essas canções a todo volume em seu quarto, com as janelas abertas de par em par. As músicas inundam a casa. Algumas delas foram compostas pelo seu compadre Rafael Escalona. Neste contexto me parecem evocadoras. Elas me devolvem ao passado da sua vida como nada poderia

LEMBRANÇAS EM IMAGENS

Gabo aos treze ou catorze anos. Já era elegante.
Colômbia, 1940.

Mercedes aos catorze anos, sob o sol caribenho.
Colômbia, 1946.

Mercedes aos dezessete anos. Este rosto diz tudo. Colômbia, 1950.

21 de março de 1958. Afinal ela pôs o vestido de noiva.
Barranquilla, Colômbia.

No final dos anos sessenta, quando fumar ainda fazia bem.
Barcelona, 1968.

O Clube dos Quatro.
Barranquilla, Colômbia, 1971.

12 de outubro de 1982, a manhã em que foi anunciado o prêmio Nobel.

12 de outubro de 2012. Trinta anos, mesmo lugar, mesma árvore, mesmo roupão para a ocasião.

A casa da rua Fuego.
Cidade do México, 2019.

Gabo fazendo a sesta da terça-feira debaixo de uma grande manta colombiana. Cidade do México, 2013.

Animais sociais.
Cidade do México, 2010.

Aniversário de oitenta anos de Mercedes.
Cidade do México, 6 de novembro de 2012.

Arco-íris matutino na cadeira do Gabo.
Cidade do México, 21 de abril de 2014.

Homenagem no Palácio de Belas Artes, 21 de abril de 2014.

Oferenda de mortos dos Gabos,
novembro de 2020, ano da peste.

Gabo vai embora de casa,
17 de março de 2014.

Com meu irmão Gonzalo, nossas famílias e Mercedes, o Crocodilo Sagrado, a Mãe Santa, a Chefa Máxima.
Cidade do México, 21 de abril de 2014.

fazer melhor, e através delas viajo e regresso ao presente, onde soam como uma derradeira canção de ninar.

Papai admirava e invejava muitíssimo os compositores de canções pela sua habilidade de dizer tanto e de forma tão eloquente em tão poucas palavras. Enquanto escrevia *O amor nos tempos do cólera* submeteu-se a uma dieta constante de canções pop em espanhol sobre o amor perdido ou não correspondido. Ele me disse que o romance de maneira nenhuma seria tão melodramático como muitas daquelas canções, mas que podia aprender muito com elas sobre as técnicas com as quais evocavam sentimentos. Nunca foi pretensioso em seus gostos artísticos, e desfrutava de pessoas tão diferentes como Béla Bartók e Richard Clayderman. Certa vez passou ao meu lado quando eu estava vendo Elton John na televisão interpretando suas melhores canções, sozinho ao piano. Meu pai tinha apenas uma vaga ideia de quem ele era, mas a música o deteve em seu caminho e ele acabou se sentando e assistindo ao programa inteiro, fascinado. "Caralho, esse sujeito é um bolerista incrível", disse. Era típico dele se referir a alguma coisa em relação à sua própria cultura. Nunca se deixou intimidar pelas referências eurocêntricas que eram tão comuns em todo lugar. Sabia que a arte verdadeira podia florescer num edifício de apartamentos em Quioto ou num condado rural no Mississippi, e tinha a firme convicção de que qualquer canto remoto e destroçado da América Latina ou do Caribe podia representar a experiência humana de maneira poderosa.

Era um leitor voraz e gostava tanto da popularesca revista *Hola!* como do estudo de casos de algum médico, as memórias de Muhammad Ali ou de um romance de suspense de Frederick Forsyth, cujas opiniões políticas detestava. Entre seus amores literários menos conhecidos estavam Thornton Wilder, e *Os idos de março* ficou em sua mesa de cabeceira por algo assim como a metade da minha vida, e também os dicionários e os livros de referência de idiomas que consultava constantemente. Nem uma única vez o testemunhei desconhecer o significado de uma palavra em espanhol, e, além disso, podia oferecer uma conjectura razoável de sua etimologia. Em certa ocasião, ficou tentando recordar a palavra que descreve a interpretação crítica de um texto e por um momento ficou fora de si, deixando tudo de lado num esforço frenético para recuperá-la na ponta da língua. Seu deleite foi palpável quando gritou rapidamente "Exegese!". Não era uma palavra obscura, mas alheia ao seu mundo. Era uma palavra que segundo seu ponto de vista pertencia à academia e às questões intelectuais, que para ele eram um tanto suspeitos.

18.

Ainda nessa manhã aparece um pássaro morto dentro de casa. Faz alguns anos fecharam o que antes era um terraço para fazer uma sala de refeição com vista para o jardim. As paredes são de vidro, por isso se presume que o passarinho entrou voando, se desorientou, bateu contra o vidro e caiu morto no sofá, mais precisamente no lugar onde meu pai costumava se sentar. Sua secretária me informa que os empregados da casa se dividiram em dois grupos: os que pensam que é um agouro e querem jogar o pássaro no lixo, e os que pensam que é um bom presságio e querem enterrá-lo entre as flores. Os do lixo tomaram a dianteira e o pássaro está numa lata fora da cozinha. Depois de mais debates, é deixado num canto do jardim, por ora em cima da terra, ao passo que decidem seu destino final. E será enterrado perto do papagaio, numa parte do quintal onde além disso há um cachorro. A existência do cemitério de mascotes sempre foi escondida do meu pai, que teria ficado horrorizado.

19.

Ao meio-dia nos reunimos minha mãe, meu irmão e sua família, que veio de avião da França na noite anterior. Também chegou de Bogotá, antes do amanhecer, uma prima pelo lado materno, que quando criança morou com a gente durante longas temporadas e que era, para meus pais, como uma filha. O estado de ânimo é surpreendentemente leve, suponho que porque ninguém fica de luto pelos vivos e porque, afinal de contas, é uma reunião e, em sua maioria, de gente jovem.

Através das portas de vidro vejo a secretária do meu pai sair do escritório, atravessar o jardim e avançar rapidamente até nós. Ela me diz em voz alta que a enfermeira quer falar comigo. Trato de não alarmar ninguém, mas é claro que alguma coisa aconteceu. Saio com toda a calma que me é possível, mas a sala fica em silêncio.

Quando me aproximo do quarto de hóspedes, a enfermeira do turno do dia sai ao meu encontro. "O coração dele parou", diz nervosamente. Entro no quarto e observo que meu pai parece estar do mesmo jeito que estava dez minutos antes, mas, depois de alguns segundos, percebo o quanto estou enganado. Ele parece arrasado, como se alguma coisa o tivesse fulminado — um trem, um caminhão, um raio —, algo que não lhe causou outras feridas além de ter arrebatado sua vida. Dou a volta na cama, me aproximo e o amaldiçoo em voz baixa. Ao mesmo tempo, a enfermeira procura o pulso com um estetoscópio. Percebo que por um momento ela fica inquieta achando que eu possa ter ficado bravo com ela por não ter me avisado, como pedi, mas, como não chamei sua atenção diretamente, deixa de lado essa preocupação.

Enfim a enfermeira consegue encontrar o cardiologista do meu pai. Ela diz que não houve frequência cardíaca por quase três minutos. O médico pede para falar comigo. Ele me dá os pêsames e se oferece para vir até a casa, mas sei que é feriado e que ele está longe, então digo que não precisa. Já tínhamos combinado que, quando o momento chegasse, ele chamaria o médico-chefe para tratar dos trâmites. Pelo interfone, ligo para o térreo. Minha mãe atende e digo a ela: "O coração dele parou", e a duras penas consigo terminar a última palavra sem que minha voz falhe, mas acho que ela desliga antes disso. Volto para o lado do meu pai. Sua cabeça jaz de lado, sua boca está um pouco aberta e ele parece tão frágil quanto qualquer pessoa. Vê-lo daquele jeito, nesta escala tão humana, é aterrador e reconfortante.

Vejo mamãe subindo a escada e andando até o quarto, seguida pelo meu irmão e a família dele. Em geral é ela quem se move mais devagar, mas é evidente que todos decidiram deixá-la ir na frente. Nas últimas semanas ela se apoiou no meu irmão e em mim para incontáveis decisões. Quando entra no quarto e vê meu pai, me impressiona como suas décadas lado a lado conferem uma completa autoridade sobre este momento. Um dia foram estranhos, algo que é inconcebível. Se conheceram como vizinhos, quando ele tinha catorze anos e ela, dez, e ele a pediu, de brincadeira, em casamento, então ela foi embora correndo e chorando para casa. No dia do casamento, cinquenta e sete anos e vinte e oito dias antes deste momento, mas na mesma hora, ela não se vestiu até ficar sabendo que ele estava do lado de fora da igreja, e, portanto, não havia a possibilidade de que a deixasse no altar vestida de noiva.

O primeiro instinto de mamãe ao passar pela porta é tomar conta de tudo. A enfermeira e a auxiliar levantam a cabeça de meu pai e manobram para fechar sua boca segurando a mandíbula com uma toalha ao redor da cabeça. "Mais apertada", diz minha mãe em voz alta, conforme se aproxima da cama. "Agora, sim." Olha meu pai de cima a baixo com desapego, como se ele fosse paciente dela. Levanta e alisa o lençol até o peito dele, alisa o lençol, põe sua mão em cima da mão dele. Olha seu rosto e acaricia sua testa e por um momento é impenetrável. Depois se estremece por um instante e explode em pranto. "Coitadinho, não é?" Antes mesmo de sua própria dor e tristeza, sente uma profunda compaixão por ele. Em toda a minha vida só vi minha mãe chorar três vezes.

Esta última não dura mais que uns poucos segundos, mas tem o poder de uma rajada de metralhadora.

Os momentos seguintes são confusos. Minha mãe se afasta e vai se sentar lá fora, no corredor, e pela primeira vez em meses acende um cigarro de verdade, e não o eletrônico. Peço à enfermeira que coloque novamente a dentadura no meu pai, antes que a mandíbula fique rígida, e constatar que ele fica muito melhor com ela é um alívio. Meu irmão e sua família estão em pé ao redor da cama, desconsolados. O filho e a filha dele conheceram bem meu pai quando eram pequenos, antes que sua memória começasse a se desvanecer. Parecem inconsoláveis. A notícia se espalha pela casa, e, numa ordem que já não consigo recordar, os empregados da casa, um atrás do outro, chegam à porta ou ao lado da cama e olham incrédulos. Não há uma aparente vergonha nem incômodo nenhum na hora de expressar a dor ou a tristeza na frente dos outros. Os limites desaparecem e todas e cada uma das pessoas tem seu próprio e singular encontro, não só com o morto mas com o próprio acontecimento, como se a morte fosse uma propriedade coletiva. Ninguém pode negar sua relação com ela, sua inscrição nessa sociedade. E a morte como realidade, em si mesma, mais que a carência de alguma coisa, é contemplada com solenidade. Parece ser o caso até mesmo das enfermeiras que estão no quarto. Elas continuam com seus afazeres, mas me parece que agora estão ensimesmadas, sem conseguir evitar a reflexão. A morte não é um acontecimento ao qual a gente possa se acostumar.

20.

A enfermeira da manhã e sua auxiliar limpam e preparam o corpo do meu pai para o trajeto até a funerária. A enfermeira pergunta à mamãe se ela gostaria que meu pai vestisse algum terno. Ela diz que não, e a enfermeira sugere um sudário simples. Minha mãe aparece com um fino lençol branco e bordado, que entrega sem nenhuma solenidade.

Enquanto preparam meu pai, um médico preenche os papéis necessários para o atestado de óbito. Entendemos que os telefonemas para a imprensa devem esperar. Naquele mesmo instante um amigo próximo está em pleno voo da Colômbia para se despedir, assim como uma amiga do México, que interrompe suas férias familiares. Porém, me preocupam mais minhas filhas adolescentes, que estão no meio do caminho, com minha esposa, num voo de Los Angeles para cá. Não quero que ao aterrissar liguem seus celulares e fiquem sabendo que seu avô já faleceu. Por isso, decidimos esperar e não ligar para ninguém até que todos aterrissem e entrem em contato conosco. Isso faria papai rir: "Prontos e alvoroçados."

Quando olho de novo para dentro do quarto, o corpo do meu pai está envolto dos pés à cabeça, com exceção do rosto. Desceram a cama, e ele agora está na horizontal, exceto por um travesseiro muito fino que deixa sua cabeça ligeiramente mais alta. Seu rosto está limpo e tiraram a toalha que tinha ao redor da cabeça. A mandíbula está ajustada, a dentadura, em seu lugar; ele parece pálido e sério, mas em paz. Os escassos cabelos acinzentados e delicadamente penteados me fazem recordar o busto de um compatriota. Minha sobrinha põe umas rosas amarelas sobre seu ventre. Eram as flores favoritas do meu pai, que acreditava que elas traziam sorte.

Nas horas seguintes nos sentamos ao lado da minha mãe, que, como de costume, liga o noticiário para se distrair. Há um programa sobre a vida de Octavio Paz, que morreu faz alguns anos e foi um amigo que esteve em algumas ocasiões com meus pais. Mamãe assiste ao programa durante alguns minutos, mas é evidente pela sua expressão que pensa nos documentários que, suspeita ela, verá nos dias e nas semanas que virão.

De repente diz, sem se dirigir a ninguém em particular, que provavelmente papai já esteja com Álvaro, o amigo que morreu faz alguns meses, "tomando uísque e falando besteira".

O telefone da casa toca e, coisa rara, ela mesma atende. É um amigo que eles não viam tanto. Está ligando para saber da saúde de papai e oferece qualquer ajuda que a gente possa precisar. Minha mãe escuta com paciência e agradece automaticamente, mas na primeira oportunidade diz que meu pai morreu. Não é preciso escutá-lo do lado de lá para imaginar a comoção causada pela notícia, principalmente pelo tom seco com o qual a pronuncia. Ela continua explicando tudo o que aconteceu na última hora, como se se tratasse de uma entrega de comida em domicílio. Meus sobrinhos, que a conhecem bem, estão consternados, mas também lutam para conter o riso. Quando lanço para eles um olhar cúmplice, não aguentam mais e saem correndo.

21.

O amigo da Colômbia já aterrissou, mas não fico sabendo até que a campainha toca e me dizem que ele está no térreo. Desço e entro bruscamente na cozinha, quase tropeçando nele e, sem cumprimentá-lo da maneira correta, disparo que meu pai morreu. Ele é um dos amigões mais antigos de papai e leva um susto. Fica atônito e sem palavras, e os olhos se cobrem de névoa, como se repassasse na memória uma vida inteira de amizade em questão de segundos. Digo a mim mesmo que devo estar muito cansado e tenso para dar a notícia de maneira tão desastrada e que preciso me esforçar para fazer isso de um jeito melhor.

A amiga que voltou de sua viagem de férias também entra em contato, e finalmente minha esposa aterrissa e me liga do avião. Dou a notícia, e sua tristeza me comove tanto que não consigo falar com minhas filhas. Quero esperar até vê-las pessoalmente.

Ligo para alguns amigos e familiares, e cada telefonema é mais doloroso que o anterior. É um grupo que se manteve informado, por isso ninguém se surpreende, mas todos ficam mudos ao telefone. É mais um vazio que um silêncio. A maioria deles tem a tarefa de ligar para outras pessoas, e se dispõem sem comentários. A agente do meu pai durante quase cinquenta anos diz apenas "Que barbaridade", e fala isso como se referindo às coisas do mundo que sempre pareceram impossíveis, mas finalmente aconteceram. Posso imaginar seu rosto, os olhos fechados, absorvida pela ideia, tentando chegar ao mais profundo do seu ser, onde o inimaginável poderia pouco a pouco se tornar realidade. "Que barbaridade", repete, e depois desligamos. Percebo uma reação parecida em muitos dos amigos da vida inteira do meu pai. Além da tristeza está a incredulidade de que um homem tão vital e expansivo, sempre embriagado com a vida e as vicissitudes da existência, tenha se extinguido.

Sento para telefonar para os canais de notícias que tínhamos combinado, mas, como já é tarde dessa Quinta-feira Santa, encontrar os diretores das agências de notícias em países católicos é impossível. Há tão poucas notícias na Semana Santa como na véspera de Natal, e por isso todos estarão fora até segunda-feira. Durante quase duas horas enlouquecemos de braços cruzados, prisioneiros de uma notícia que o mundo inteiro espera e agora não há ninguém para escutá-la. Por último, pedimos à amiga que acaba de chegar de suas férias familiares, que é uma personalidade da rádio com um grande número de seguidores, que anuncie nas redes sociais. Em questão de apenas alguns minutos os telefones da casa e os celulares começam a tocar, e o número de veículos de comunicação, de admiradores e de policiais se multiplica na porta da casa.

> Amanheceu morta na quinta-feira santa. (...) Foi enterrada numa caixinha pouco maior que a cestinha em que Aureliano tinha sido levado, e muito pouca gente assistiu ao enterro, em parte porque não eram muitos os que se lembravam dela, e em parte porque naquele meio-dia fez tanto calor que os pássaros desorientados se esfacelavam feito perdigotos contra as paredes e rompiam as telas metálicas das janelas para morrer nos quartos.

Cem anos de solidão

22.

Pouco depois de a notícia da morte do meu pai ter sido divulgada, sua secretária recebe um e-mail de uma amiga com quem não falava fazia muito tempo. A amiga queria saber se nós tínhamos nos dado conta de que Úrsula Iguarán, um de seus personagens mais famosos, também morreu numa Quinta-feira Santa. Incluiu a passagem do romance no e-mail, e, ao reler, a secretária de papai descobre que, depois da morte de Úrsula, algumas aves desorientadas se estatelaram contra as paredes e caíram mortas no chão. A secretária lê em voz alta e pensa, é claro, no passarinho que morreu naquele mesmo dia. Olha para mim, talvez esperando que eu seja suficientemente tolo para arriscar uma opinião sobre a coincidência. Só sei que morro de vontade de contar isso.

23.

Minha família chega e, depois de me cumprimentar com um carinho especial, o principal interesse das minhas filhas é sua avó. Os cinco netos estão sempre muito atentos a ela, que parece tranquila, está falante e pergunta sobre a vida deles, como sempre. Eles encaram com naturalidade, acostumados como estão às suas reações inesperadas. Consideram que sua avó é única: excêntrica e sensata, sóbria e escandalosa, sempre beirando os limites do politicamente correto. Admiram minha mãe, e ela, além de tudo, faz os netos rirem, o que contribuiu muito ao amor que sentem pela avó.

O amigo que veio de avião da Colômbia pede licença à minha mãe para ver meu pai, e ela concorda. Pergunto sobre essa possibilidade para minhas duas filhas. Uma responde que não. A outra, que sim. E olha o avô de longe, sem dizer quase nada, mas sua expressão revela um conflito entre a curiosidade e a tristeza.

Àquela altura, a notícia já está na televisão, e as biografias do meu pai, curtas e longas, velhas ou editadas às pressas, se apresentam em vários canais. Minha mãe passa de um para outro, ensimesmada e sem comentar nada. Nos reunimos à sua volta para repassar a vida e as conquistas de um homem que jaz, morto, no quarto ao lado.

24.

Há dois funcionários da funerária na porta. Sua pequena van está estacionada de ré na garagem e os portões estão fechados. As pessoas que trabalham na casa chegam rapidamente para dar ao meu pai seu último adeus. A cozinheira se aproxima, acaricia seu rosto e murmura em seu ouvido: "Boa viagem, dom Gabriel." Ela não é muito alta e precisa se empinar para tocar sua testa. Por último, dá um beijo em seu nariz e outro no dorso da mão. Meu irmão sussurra alguma coisa, que não consigo escutar, no ouvido do meu pai. O momento é de uma intimidade imensa que se faz quase insuportável. Dou meia-volta e saio do quarto. Os outros ficam de pé ao redor ou fora do quarto em silêncio, e observam meu pai. Minha mãe não volta a se aproximar.

Os dois homens colocam meu pai num saco para cadáveres com surpreendente facilidade, com flores e tudo, depois amarram com firmeza o saco na maca. O transporte da maca para fora do quarto e através de outro, e depois escada abaixo, é avassalador. De todos os eventos possíveis que a imaginação me ofereceu nos últimos dias, jamais pude antever este momento. Os homens se movem com destreza, mas nada em seu comportamento revela uma excessiva familiaridade, e muito menos tédio, por um trabalho que realizaram muitíssimas vezes com pessoas de todas as idades e em todas as circunstâncias. Sua atitude recobre sua tarefa de dignidade. É o que até mesmo esses, que são desconhecidos, fazem sempre, e em qualquer lugar, pelas pessoas que morreram: cuidar de seus corpos com solenidade. Enquanto descem devagar pela escada precisam inclinar a maca até que ela fique quase na vertical para fazer a curva. Por um instante imagino meu pai erguido, como em posição de "firme", oculto, sem ser visto e sem conseguir ver na escuridão. Todos estamos de pé, lá em cima ou lá embaixo da escada, olhando em silêncio. Apenas minha mãe está sentada, observando, inescrutável. Diferentemente da morte agora há pouco ou da cremação que vai acontecer esta mesma noite, os sentimentos a respeito deste momento dispensam mistério. Até os ossos doem: ele vai embora de casa, e jamais voltará.

Enquanto colocam a maca na van da funerária, me aproximo com meu irmão e nossos filhos da janela do quarto que dá para a rua. Há umas duzentas pessoas fora da casa, admiradores (que meu pai preferia chamar de leitores), jornalistas e policiais. Os vizinhos olham de suas janelas e de seus terraços. Os portões da garagem se abrem e a van avança lenta e cuidadosamente em meio à multidão enquanto os policiais gritam ordens a que quase ninguém obedece. Minhas filhas olham atônitas. A fama do avô é às vezes algo concreto, outras vezes abstrato e distante da realidade delas na Califórnia. Uma vez, quando eram pequeninas, entraram com ele num restaurante da Cidade do México e todos explodiram num aplauso espontâneo. Era fascinante escutá-las quando voltavam a contar. Durante as estadias deles em Los Angeles, eu costumava levar meus pais para almoçar em algum dos restaurantes da moda, onde comiam no anonimato, rodeados dos ricos e famosos do lugar. Em geral, só os empregados latinos do serviço de estacionamento reconheciam meu pai, e em algumas ocasiões mandaram um deles comprar livros, para que ele fizesse dedicatórias depois de comer. Nada podia ser mais prazeroso para ele.

25.

Quando chegamos à funerária no início da noite, centenas de pessoas estão reunidas na rua, e a multidão transborda pela avenida. Como foi aqui que entregaram o corpo do meu pai, existe a expectativa de que haverá um velório aberto ao público, ou pelo menos para os amigos. Precisam desviar o trânsito, e a polícia abre caminho para que nosso carro consiga entrar no estacionamento. Mais tarde, soube que alguns amigos próximos estavam lá.

Um ministro de exéquias e o gerente-geral da funerária nos recebem com a formalidade respeitosa e solene da profissão, mas também tipicamente mexicana. Com minha esposa, dois amigos da família e uma das auxiliares de meu pai, que é apegadíssima a ele (algumas de suas companheiras de trabalho especulavam que era apaixonada por ele), aguardamos numa salinha de espera que improvisaram num canto do estacionamento subterrâneo, perto de uma porta que leva ao crematório. Após muitas horas de conversa, inúmeros telefonemas e e-mails, de noticiários e depois de muitos encontros com amigos que chegaram a casa nas últimas horas, parece que se passaram dias desde que meu pai morreu. Eu me sinto atordoado. Minha mente busca diferentes desabafos: a tristeza, as lembranças, a lógica; todos terminam em becos sem saída. Só consigo recorrer a um senso de humor simplório e superficial.

Nos avisam que ainda falta um pouco até que meu pai esteja pronto para a cremação. As ordens de minha mãe são claras: façam esta noite, e assim que for possível. Então ficamos à espera.

Atendo a um telefonema de um amigo e ator de Los Angeles. Falar com ele é uma pausa que agradeço, mas também faz com que minha vida na Califórnia pareça um mundo distante. A necessidade de mudar de idioma, que em circunstâncias normais não me dá nenhum trabalho, desta vez é um grande desafio, como interpretar um papel mal escrito ou tentar enganar um agente de imigração.

De repente, minha vida dupla tem um ar psicótico. Dizem que não há dois países vizinhos que sejam mais diferentes, apesar da presença mexicana nos Estados Unidos. É mais que o idioma e a cultura, é a mentalidade e a visão de mundo com perspectivas invejáveis nas duas partes, mas tão diferentes como as duas caras de uma moeda. Eu me tornei uma pessoa tão bicultural quanto imagino que uma pessoa consiga ser, mas neste dia, que tem tanto a ver com o universo do meu pai, a dualidade se sente forçada.

Não me dei conta, até meado dos meus quarenta anos, que a decisão de morar e trabalhar em Los Angeles e falar constantemente em inglês foi uma escolha deliberada, embora inconsciente, para traçar meu próprio caminho longe da esfera de influência do sucesso do meu pai. Levei vinte anos para ver o que era óbvio para as pessoas à minha volta: que tinha escolhido trabalhar num país com um idioma que meu pai não sabia falar (ele falava francês e italiano com desenvoltura, mas seu inglês era ruim e dava no máximo para ler as notícias), onde ele passava pouco tempo, tinha poucos amigos próximos e para o qual ficou sem visto de entrada durante anos. Além disso, decidi escrever e dirigir cinema, que foi seu sonho de juventude, antes que as tentativas frustradas de vender suas histórias nada comuns o levassem a transformá-las em alguns dos romances mais famosos do seu século. Comecei timidamente uma carreira como diretor de fotografia que não foi totalmente infrutífera, mas que com o tempo se colapsou debaixo do peso de outras ambições. Quando estava a ponto de começar a pré-produção do meu primeiro filme, meu pai perguntou se podia ler o roteiro. Eu imagino que ele estivesse preocupado comigo, temeroso como sempre esteve de que o que meu irmão e eu fizéssemos ou deixássemos de fazer fosse comparado com seus feitos. Por sorte para nós dois, ele gostou do roteiro. Meu pai se encantava com os filmes que eu fazia e se gabava deles com seus amigos ou com qualquer um que ele pudesse arrastar para assistir.

Em seus últimos anos, meu pai sugeriu que escrevêssemos um roteiro juntos. Sempre quis escrever um filme sobre uma mulher de meia-idade com uma carreira bem-sucedida que suspeita de que o marido tem uma aventura. Ela de repente descobre que o esposo tem mesmo uma amante, mas é uma mulher muito parecida com ela, de hábitos e gostos similares, e que mora num apartamento muito parecido com o deles. E tem mais: meu pai achava que a mesma atriz deveria interpretar as duas mulheres. Mas, quando nos sentamos para escrever, sua minguante memória deu lugar a conversas frustrantes. Eram dolorosas para mim, e com frequência eu adiava nossas reuniões ou as interrompia, com a esperança de que ele esquecesse o projeto. Demorou um tempo até que isso acontecesse, e é possível que algumas vezes ele tenha pensado que o projeto simplesmente não me interessava. Até hoje esse episódio me entristece.

26.

Finalmente nos pedem que entremos na capela mortuária. À direita está a sala de cremação e, à esquerda, um quarto de preparação, onde me dizem que posso passar alguns momentos com meu pai. Nesse quarto nos recebe uma jovem atraente com um avental descartável. Ela aperta a minha mão e me dá os pêsames e acrescenta que, ainda que ninguém tenha pedido, fez alguns retoques em papai e espera que eu goste. Maquiou meu pai de maneira muito sutil, penteou seus cabelos e aparou o bigode e as sobrancelhas indomáveis que minha mãe penteou com seu polegar incontáveis vezes ao longo da vida. Esse costume de preparar os mortos para contemplá-los perturbava meu pai, como tudo que tinha a ver com práticas fúnebres. (Nunca assistiu a um velório. "Não gosto de enterrar os amigos.") Mas agora parece dez anos mais jovem e aparenta estar simplesmente dormindo; me surpreende a felicidade que sinto ao vê-lo assim esta última vez, mesmo com a ajuda de cosméticos. O lençol está ainda mais ajustado ao redor de seu corpo que antes, e sei que em vida aquela teria se tornado uma claustrofobia insuportável. É o primeiro momento em que me ocorre que ele já está acima de tudo. (Uma vez recitou uma poesia de cor por quarenta e cinco minutos, para superar a claustrofobia de uma longa tomografia.)

O som de uma cortina sendo fechada me faz dar meia-volta, e percebo que me deixaram sozinho no quarto. Olho ao meu redor, além da maca onde meu pai descansa e de outra mesa vazia, não há mais nenhuma peça de mobília nem equipamentos na sala, que está impecável e livre de qualquer odor que me pareça estranho. Não sei se tenho pressa em sair ou não, as duas opções me agradam. Toco sua face e está fria, mas não é uma sensação desagradável. Nesse estado de plácido repouso, seus traços não revelam sinais de demência. De novo posso ler em seu rosto a lucidez, a infinita curiosidade e a prodigiosa capacidade de concentração que invejo nele acima de todas as coisas. Trabalhava quase todos os dias das nove da manhã às duas e meia da tarde naquilo que só posso descrever como sendo um transe. Quando meu irmão e eu éramos crianças, minha mãe às vezes nos mandava ao seu estúdio com um recado e ele parava de escrever e se virava para nós enquanto dávamos o recado. Olhava através de nós, com suas pálpebras mediterrâneas semicerradas, com um cigarro aceso numa das mãos e outro que se queimava no cinzeiro, e não respondia nada. Quando cresci, eu às vezes acrescentava: "Você não tem ideia do que acabo de dizer, não é?", e ainda assim não conseguia uma resposta. Depois que saíamos ele continuava na mesma posição, olhando para a porta, perdido no labirinto da sua narrativa. Cheguei a acreditar que com esse nível de concentração não havia quase nada que ele não pudesse conseguir. Meu irmão, que trabalha obsessivamente com arte e desenho, herdou algo dessa característica tão dele.

Apesar disso, às duas e meia em ponto nosso pai estava almoçando conosco, totalmente presente. Frequentemente anunciava que estava escrevendo o melhor romance desde os grandes romances russos do século XIX, depois passava para um assunto qualquer, e costumava nos perguntar o que havíamos feito naquele dia. Depois de fazer a sesta da tarde, o entusiasmo começava a se debilitar. Na hora do jantar comentava que o trabalho do dia seguinte seria difícil e que teria alguns obstáculos sérios, e que superá-los seria crucial para o êxito criativo do livro. No café da manhã do dia seguinte, era franco sobre seu novo nível de preocupação: "Se hoje não ficar bom, o romance inteiro pode ser um fracasso. E, se isso acontecer, abandono o livro." Mais tarde, no almoço, o ciclo recomeçava.

De repente percebo que ele não está respirando, e é fascinante. Depois me dá medo de que possa respirar e que um cadáver respirando seria algo monstruoso, e por isso olho para ele de perto por uns longos segundos até que me dou conta de que estou prendendo a respiração, por isso solto o ar com rapidez e me sinto ridículo. O bigode é tão típico dele quanto o nariz, os olhos e os lábios. É seu primeiro e único bigode, o que deixou crescer aos dezessete anos e nunca tirou. Perdeu o bigode durante a quimioterapia no começo de seus setenta anos, mas voltou a crescer, como um rabo de lagartixa. Tento criar pontes na minha mente entre meu pai vivo, meu pai morto, meu pai famoso e este pai que tenho diante de mim, e não consigo. Tenho o impulso de dizer a ele alguma coisa e penso: "Missão cumprida", mas não faço isso por temor a soar solene ou sentimental. Quero tirar uma foto dele e faço isso com o celular. No mesmo instante, sinto meu estômago embrulhar, culpado e envergonhado por ter violado sua privacidade de maneira tão violenta. Apago a foto e em seu lugar faço uma foto das rosas que estão sobre seu corpo. Ele teria ficado encantado ao saber que a bela jovem o retocou. Teria flertado com ela.

27.

Abro a cortina e digo que devíamos continuar. Um funcionário empurra a maca de um quarto ao outro, um trecho de menos de vinte passos que momentaneamente me lembra a curta distância que os condenados à morte que estão sentados num calabouço percorrem, e quando chega o momento percebem que a câmara de execução esteve ali o tempo todo, atrás da parede. O quarto é mais amplo que o anterior e também está escrupulosamente limpo. A secretária do meu pai e os dois amigos estão lá, mas minha esposa saiu de novo para a salinha de espera. Saio depressa e faço um impaciente sinal com a mão para que ela entre, e não sei se é porque preciso de apoio ou porque me nego a aceitar seus modos discretos. Quem caralho vai saber? Eu a quero ao meu lado e isso é tudo; e é muito machista da minha parte não considerar em nenhum momento que ela talvez não queira ser testemunha da cremação do seu sogro.

O funcionário para a maca com as portas da câmara fechadas e por um momento nada acontece. Só se escuta o zumbido baixo e discreto dos fornos dentro da impecável e educada máquina, que esperam a vez de executar sua tarefa voraz. Depois alguém lança um olhar ou me diz alguma coisa (já não recordo) que dá a entender que não farão nada até que eu dê um sinal. Indico ao ministro de exéquias que estamos prontos; um funcionário abre as portas da câmara e uma curta esteira transportadora leva lentamente meu pai para o interior. A secretária do meu pai diz: "Adeus, chefe." Os funcionários da funerária aplaudem. As rosas amarelas continuam em cima dele, e me recordo que pensei que num instante elas seriam incineradas. O corpo viaja até que só se vê a cabeça e os ombros, então alguma coisa dá errado e ele fica emperrado. Um dos funcionários da funerária se aproxima, e rápida e eficientemente, como se fosse algo frequente, empurra meu pai pelos ombros com firmeza, até que o corpo volte a ser movido e finalmente é devorado. As portas se fecham atrás dele.

A imagem do corpo do meu pai entrando no crematório é alucinante e anestésica. É ao mesmo tempo plena e sem sentido. A única coisa que sinto com alguma certeza neste momento é que ele não está ali de jeito nenhum. Continua sendo a imagem mais indecifrável da minha vida.

"
... voando entre o rumor sombrio das últimas folhas geladas do seu outono até a pátria de trevas da verdade do esquecimento, agarrado de medo aos restos dos fios apodrecidos do balandrau da morte e alheio aos clamores das multidões frenéticas que se lançavam às ruas cantando...
"

O outono do patriarca

28.

No dia seguinte pela manhã um terremoto nos faz recordar que a vida continua. Para nossos visitantes de lugares sem terremotos, isso só aumenta a natureza alucinante da sua viagem. Um pouco mais tarde, minha mãe recebe um telefonema do Instituto Nacional de Belas Artes, que quer fazer uma homenagem ao meu pai, aberta ao público e com a presença dos presidentes do México e da Colômbia. Estamos felizes com a homenagem, mas não podemos imaginar que seja fácil esperar quase quatro dias mais para começar a virar a página.

Os amigos continuam chegando de longe e de perto. A casa se transforma num coquetel, um velório com bebidas e refrigerantes por vinte e quatro horas, e minha mãe no centro das atenções, brincando, fazendo perguntas, conversando, infatigável. Tem até gente da qual eu tinha ouvido falar, mas não conhecia, amizades que meus pais fizeram nos últimos anos, depois que me mudei para Los Angeles. O grupo é um reflexo de seus interesses: todas as idades, ocupações e camadas sociais. Nossa mãe se reúne a sós e em privado com alguns convidados, entre eles dois ex-presidentes. Apesar de sua tristeza, e certamente de seu esgotamento, é gentil e paciente. Só julga com dureza um ou dois depois que saem, com algo de amargura e humor mordaz. Não perdoa quem deixou de ligar depois que meu pai perdeu suas faculdades, nem mesmo para cumprimentá-la. Essa lista é curta, mas, se você estiver nela, boa sorte.

Noutro momento, avisam ao meu irmão que o presidente de uma prestigiosa universidade está à porta. Quando a porta se abre, o homem dá um passo adiante, faz um elogio bem enfeitado, porém ensaiado, semelhante a um discurso político, abraça formalmente meu irmão sem dizer nenhuma palavra mais e vai embora para sempre.

Um dos irmãos do meu pai chega com sua esposa, e também uma prima que eu não via fazia quase trinta anos. Criada em Cartagena, agora vive num pequeno povoado do Maine, casada com um morador local, e seus relatos sobre como conseguiu adaptar a cultura local a ela, e não o contrário, são muito divertidos. Eles me lembram a paixão da família do meu pai pela história, pelo embelezamento e pelo exagero. Prenda seus ouvintes e nunca os deixe escapar. Uma boa história sempre supera a verdade. Uma boa história é a verdade.

Uma tarde, a secretária me liga. Está preocupada porque na empresa de aluguel de equipamentos médicos todos sabem que meu pai morreu naquela cama. Poderia terminar em qualquer lugar, acrescenta, ser vendida em um leilão ou ser considerada uma macabra relíquia de colecionador. Decidimos comprar a cama. A gente desarma e guarda, na garagem da parte de trás da casa, onde ninguém possa vê-la, até decidir o que fazer com ela. Não contamos nada para minha mãe porque ela não gostaria de ter a cama por perto. Diria que a cama ficaria lá, esperando que ela fosse a próxima.

Meu irmão traz da funerária a urna com as cinzas do nosso pai. A escolha da urna adequada foi problemática. Minha mãe queria alguma coisa que não fosse nem cara nem barata, elegante porém sóbria. Aparentemente aprova quando a vê, embora faça isso apenas por um ou dois segundos. Ordena que seja mantida longe, no estúdio do meu pai, até a homenagem, e arruma um cachecol de seda amarelo para cobri-la. Depois, no que só pode ser atribuído ao meu próprio cansaço, me ocorre ser boa ideia que minhas filhas e meus sobrinhos posem com a urna para uma foto. Se assustam, mas ao mesmo tempo acham a proposta muito engraçada, embora com um pouco de vergonha, se esforçam para não rir. O que mais se pode fazer a não ser rir diante da ideia do avô reduzido a um quilo e meio de cinzas?

A festa dura três dias inteiros e, embora seja exaustiva, acaba sendo um salva-vidas. Na segunda-feira, dia da homenagem, desço e me sento para o café da manhã. Quando levanto os olhos do prato, descubro um arco-íris pequeno e perfeito que se forma sobre o espaldar da cadeira do meu pai. Nasce da luz matutina que se reflete no vidro contra o qual faz uns dias o passarinho se matou. Lá pelo meio-dia da segunda-feira, o núcleo do grupo, umas tantas dezenas de pessoas, se juntou no jardim para uma fotografia, antes de chamar uma frota de carros e táxis rumo ao Belas Artes. Conforme o grupo se dispersa no jardim, minha mãe espalha suas ordens marciais: "Aqui ninguém chora!"

No caminho até o Belas Artes peço a um amigo que leve a urna quando a gente sair dos carros e atravessarmos o palácio. Não quero ser fotografado com a urna, porque penso que é uma coisa muito íntima para ver nos noticiários.

Nos reunimos onde os carros nos deixam, e seguimos a diretora do instituto escada acima e pelos corredores, até chegarmos a uma porta e aparecermos, de maneira totalmente repentina, no salão principal. Não sei o que imaginei, mas o que nos espera é assustador. Em um determinado nível está uma base ampla, onde colocam a urna, rodeada de rosas amarelas. Em ambos os lados há duas grandes áreas de cadeiras para os convidados. Mas em frente à urna há um andaime com mais de cem fotógrafos, câmeras e repórteres. Nós nos sentamos na primeira fila à nossa esquerda, entre personalidades e amigos que chegaram antes. É óbvio que esperam que a gente faça guarda ao redor da urna por alguns minutos. Meu irmão e eu acompanhamos minha mãe e paramos onde nos dizem que devemos parar. O bombardeio dos flashes das câmaras faz com que o estranho momento se torne algo surreal. Não posso deixar de pensar nas pessoas que conhecemos e que poderiam, mundo afora, estar nos vendo. Na verdade, não sou eu quem está ali, apenas um sujeito de paletó e gravata, alguém entre os três e os cinquenta e três anos de idade, que faz seus melhores esforços para não chamar atenção. Depois de nós, ou seja, minha mãe e eu, a família do meu irmão faz sua homenagem, monta guarda, seguidos da minha esposa e das minhas filhas. Uma das meninas, que padece de fobia social, mais tarde me conta que para ela a experiência foi muito dolorosa, quase insuportável. Sinto por ela. Estar exposta daquela maneira, em circunstâncias tão tristes, e em plena adolescência, deve ser uma tortura.

Durante as horas seguintes permanecemos sentados observando, enquanto milhares de pessoas, a maioria de pé durante horas debaixo da chuva fininha, passam e oferecem seus pêsames. Muitos põem flores, relíquias, figuras religiosas ou medalhas na base do lugar onde a urna descansa. Muitos deixam os próprios livros ou bilhetes de condolência e de carinho, alguns dirigidos ao mestre, mas a maioria, de maneira mais informal, ao Gabo ou Gabito. É uma evidente lembrança de que nosso pai também pertencia, em grande medida, a outras pessoas.

A homenagem nos dá a oportunidade de ver um grupo de amigos completamente diferentes dos que tínhamos visto até então, ou amigos que não víamos fazia muito tempo. Chego até mesmo a ver alguns que caminham entre os que passam. Faço a eles um sinal para nos reunirmos do outro lado do salão principal, e a gente põe a conversa em dia rapidamente. Graças a esses encontros, a cerimônia acaba não sendo tão desagradável.

Em algum momento, sentado com meus pensamentos, olho detidamente o rosto de quem passa. Recordo que meu pai dizia que todos nós temos três vidas: a pública, a privada e a secreta. Por um instante me ocorre que talvez alguém da sua vida secreta poderia estar no meio daquela gente. Antes que eu possa ficar obcecado demais com a ideia, um trio de *vallenato* que estava na fila chega, se detém e interpreta uma canção para o meu pai. É alegre, e eu agradeço.

Ouvimos que o avião do presidente da Colômbia aterrissou e que ele já está a caminho da homenagem. Logo o presidente entra, atrás de seu anfitrião, o presidente do México. Uma surpresa agradável é que muitos outros amigos dos meus pais chegaram nesse avião e esta nova onda torna a levantar nosso ânimo. Minha mãe os cumprimenta com grande regozijo, agradecida. "O que vocês estão achando disso tudo?", pergunta ela.

Tocam os hinos nacionais dos dois países e o clima muda. O presidente colombiano, que parece alguém da minha idade, foi um conhecido do meu pai por muitos anos, e ficaram amigos muito antes de ele chegar à presidência. Não economiza nem dribla palavras. Gabo, diz ele, foi simplesmente o maior colombiano que já existiu. Minha mãe olha para ele com orgulho, como se ele fosse o sobrinho que deu certo na vida. O irmão dele, jornalista, também está por ali. É uma das pessoas favoritas da minha mãe, e a coloca em dia com as fofocas de Bogotá. Ela está contente, apesar das circunstâncias.

Até o final do seu discurso, aliás muito bom, o presidente mexicano faz alusão a nós como "os filhos e a viúva". Eu me retorço na cadeira, com a certeza de que minha mãe não verá a frase com bons olhos. Quando os chefes de Estado saem, meu irmão chega perto e me diz, com ironia: "A viúva." Rimos nervosamente. Em seguida, minha mãe dá sua opinião de maneira inequívoca, resmungando. Ameaça dizer ao primeiro jornalista que passe por ela que planeja se casar de novo assim que for possível. Suas últimas palavras a respeito são: "Eu não sou a viúva. Eu sou eu."

Meu irmão e eu tínhamos combinado que, enquanto houvesse gente fazendo fila fora do Palácio de Belas Artes para prestar homenagem ao nosso pai, ele e eu ficaríamos, sem nos importar com a hora, após a partida dos chefes de Estado, da imprensa, dos amigos e dos familiares. E, no entanto, momentos depois que a cerimônia é oficialmente encerrada, fica evidente que nossas boas intenções não são suficientes para evitar que a gente esteja à beira do colapso. E é assim que, decepcionados com nosso fracasso, mas com a esperança de que nos perdoem, vamos embora.

29.

Volto para Los Angeles para ficar alguns dias. Até há pouco, até mesmo quando já não sabia quem eu era, meu pai se queixava toda vez que eu me despedia. "Não, homem, por que você vai? Por que vai? Fica. Não me deixe." Era sempre um chute no estômago. Nada diferente do que deixar um menino chorando no jardim de infância, mas sem a convicção, ilusória ou não, de que tudo era para o seu bem.

Em casa centenas de cartas de pêsames estão à minha espera. Nesta outra realidade parecem se referir a algo que aconteceu longe e faz tempo. Deixo as cartas para depois, quando possam ser (como na verdade aconteceu) mais consoladoras. Num telefonema, minha mãe conta que um homem chegou à porta de casa e se apresentou como sendo o senhor Porrúa. Ela entende que é alguém da mesma família Porrúa, que é proprietária de uma das editoras mais antigas do México. Ele é recebido na sala e minha mãe não o reconhece, mas é amistoso e efusivo, pergunta pela secretária do meu pai, pelo meu irmão e por mim, dizendo nossos nomes, e compartilha as lembranças que tem do meu pai. Quando a secretária do meu pai entra, o homem se levanta num salto e a abraça efusivamente. Ela não se atreve a dar a entender que não se lembra dele. O senhor Porrúa volta a se sentar e, em seguida, explica que chegou à cidade num carro que pifou, mas que por causa da sua firme intenção de expressar suas condolências pediu a um amigo, que espera por ele lá fora, uma carona. Seria minha mãe tão amável a ponto de emprestar a ele uns duzentos dólares para o conserto do automóvel? Minha mãe dá a ele o dinheiro pedido, o homem sai e nunca mais soubemos dele. Mais tarde descobrimos que é um conhecido estelionatário. Ao ficar sabendo, minha mãe ri às gargalhadas.

Além dos pêsames, amigos me mandam e-mails com a primeira página de jornais do mundo inteiro noticiando a morte do meu pai. Isso faz com que eu mergulhe no refúgio da internet, onde vejo que quase todas as primeiras páginas de todos os jornais nacionais ou locais registraram a notícia naquele dia. Leio todas as versões que consigo, cada jornal enfatiza diferentes aspectos da sua vida ou das suas conquistas. Mais uma vez, me esforço para conciliar essa pessoa que aparece na imprensa com aquela com quem passei as últimas semanas, enferma, moribunda e finalmente transformada em cinzas numa urna. E com o papai da minha infância, aquele que eventualmente se transformou em meu filho e filho do meu irmão. Revejo minhas anotações dos últimos dias, e não sei se as reúno em algum tipo de relato. Da mesma forma que minha mãe, papai tinha a firme convicção de que nossa vida familiar devia ser estritamente privada. Desde criança nos fizeram cumprir essa regra uma e outra vez. Mas já não somos crianças. Crianças adultas, talvez, mas não mais crianças.

Meu pai se queixava de que uma das coisas que mais odiava sobre morte era saber que seria a única faceta da sua vida sobre a qual não poderia escrever. Tudo o que havia vivido, visto e pensado estava em seus livros, transformado em ficção ou de maneira cifrada. "Se você consegue viver sem escrever, não escreva", costumava dizer. Eu estou entre aqueles que não conseguem viver sem escrever, por isso acredito que ele me perdoaria. Outra de suas afirmações que levarei para o túmulo é "Não há nada melhor que um texto bem escrito". Isso ressoa de forma particular, porque sei muito bem que qualquer coisa que eu escreva sobre seus últimos dias pode ser publicada facilmente, sem que se importem com a qualidade. No fundo sei que vou escrever e mostrar essas recordações de alguma forma. Se tenho que fazer isso, recorrerei inclusive a outra coisa que ele nos dizia: "Quando eu estiver morto, façam o que quiserem."

30.

Volto ao México para passar um tempo com minha mãe e ver uns amigos de Barcelona que não puderam viajar antes. Fomos muito próximos desde 1968, e agora que a festa acabou estamos praticamente sozinhos em casa. Desfruto de sua companhia em relativa paz e silêncio, mas isso também torna mais evidente a ausência do meu pai. Ambos são psicólogos e foram dois de seus principais confidentes. Meu pai nunca fez terapia, alegava que a máquina de escrever era sua psicanálise. É possível que tivesse medo de que a terapia roubasse nem que fosse um tiquinho de sua criatividade, o que o incomodava era o desnudamento envolvido aí. Algumas vezes ele nos incentivou a falar com os amigos próximos ou com a família sobre nossas preocupações, porque, do contrário, acabaríamos pagando um profissional para que nos ouvisse.

O que eu mais desejo nesta volta ao México é falar com meu pai sobre sua própria morte e suas repercussões.

Eu me detenho em seu estúdio na parte de trás do jardim, onde suas cinzas estão guardadas a sete chaves, e onde, como no resto da casa, o retorno à normalidade transcorre lenta mas inexoravelmente. Minha mãe não voltou ao estúdio, e nunca mais voltará. O quarto onde meu pai morreu está como antes. Segundo minhas filhas, sobrinha e sobrinhos, é um quarto onde não se deve entrar. Decido dormir lá numa tentativa de recuperá-lo como quarto de hóspedes. Bem ou mal, passo uma noite sem nenhuma novidade.

31.

De madrugada, esgotado, embarco num voo de volta a Los Angeles. É meu oitavo voo para ou da Cidade do México em três semanas. Conforme o avião taxia devagar pela pista, de repente me entristece a clareza com a qual sinto que a excepcional passagem do meu pai sobre a Terra terminou. Durante a decolagem a tristeza me inunda, mas a sincronização inesperada do vazio da perda com a poderosa energia dos motores me reanima de maneira estranha. Conforme o trem de aterrissagem se eleva e o avião se inclina para a esquerda, é possível ver dois vulcões a leste, à contraluz do sol nascente. O Popocatépetl, centenas de milhares de anos mais antigo que a palavra escrita, e o Iztaccíhuatl, de corpo presente. Quando alcançamos dez mil pés de altitude, ouve-se um sinal parecido ao de um sutil despertador. Eu me recosto no assento e olho ao meu redor. A mulher ao meu lado está lendo *Cem anos de solidão* em seu celular.

"
O comandante olhou para Fermina Daza e viu em suas pestanas os primeiros lampejos de um orvalho de inverno. Depois olhou Florentino Ariza, seu domínio invencível, seu amor impávido, e se assustou com a suspeita tardia de que é a vida, mais que a morte, a que não tem limites.
"

O amor nos tempos do cólera

32.

Nossa mãe morreu em agosto de 2020. Tudo aconteceu mais ou menos como achamos que aconteceria, já que depois de sessenta e cinco anos fumando, sua capacidade pulmonar ficou cada vez pior, e nos últimos anos precisou de oxigênio o dia inteiro. Seu espírito, porém, jamais murchou. Via as notícias na televisão durante várias horas por dia enquanto revisava mais notícias num tablet, e se mantinha em contato com sua rede de amigos por meio de dois telefones fixos e três celulares enfileirados na sua frente. Nos últimos meses de vida conversamos por vídeo quase todos os dias, e, apesar de pouca coisa para contar além dos acontecimentos mundiais, parecia ser a mesma de sempre, embora se aborrecesse um pouco por estar isolada da maioria das suas grandes amizades. Apesar de sua saúde se deteriorar e de que sua mobilidade estava cada vez menor, parecia não estar muito preocupada com sua condição. Não pude ver maiores fissuras em seu comportamento. Era valentia, negação ou fingimento? Ela sempre se sobressaiu nessas três vertentes.

"Quando você acha que essa pandemia vai acabar?", me perguntava frequentemente. Já estamos no final de 2020 e ainda não havia uma resposta. Como a pandemia não me permitiu viajar, eu vi minha mãe com vida pela última vez pela tela trincada do meu celular, e depois, cinco minutos mais tarde, quando ela já havia ido embora para sempre. Dois vídeos curtos ao vivo, separados pela eternidade, e dos quais minha capacidade de contar histórias ainda não se recuperou. O que poderia eu contar que fosse mais contundente? Nos dias posteriores ao de sua morte, eu esperava que ela ligasse para perguntar: "E então, como foi a minha morte? Não, calma. Senta. Conta direito, sem pressa." Ela escutaria, imagino eu, enquanto alternava o riso com tragadas ávidas nos cigarros que tiraram a sua vida. Falaria com amigos do mundo inteiro, receberia suas condolências com deleite e radiante vaidade, antes de perguntar, com o maior interesse, pelo divórcio de um filho deles ou por algum objeto que tivesse sido roubado.

Meu pai a pressionou durante anos para que deixasse de fumar, e ela tentou algumas vezes, embora muito contrariada, mas não conseguiu. Até nos primeiros dias em que estava usando oxigênio ela me pediu algumas vezes que segurasse a máscara enquanto dava umas tragadas num cigarro. "Não desligue a máquina", dizia. "Volto a usar a máscara num minuto." As advertências do meu pai sobre como podia ser a morte de um fumante sempre foram motivos de preocupação para mim e meu irmão. No entanto, essas preocupações acabaram sendo úteis porque nós (ou deveria dizer meu irmão, que foi quem esteve com ela) ficamos muito atentos para que seu adeus não fosse doloroso nem cheio de ansiedade. E não foi nem uma coisa nem outra.

A maioria dos rascunhos dos trabalhos a que meu pai estava dedicado foram resgatados às escondidas por minha mãe, porque ele se opunha estritamente a mostrar ou guardar trabalhos sem terminar. Muitas vezes, durante nossa infância, ele mandava chamar meu irmão e eu para que ajudássemos a rasgar e pôr no cesto de lixo versões preliminares completas. Uma triste imagem, tenho certeza, para colecionadores e estudantes do seu processo criativo. Seus documentos e sua biblioteca de referência foram enviados ao Ransom Center em Austin, no Texas, e minha mãe desfrutou bastante da cerimônia de inauguração dessa coleção. Estiveram presentes as duas famílias, a do meu irmão e a minha, e ela estava contente e se refugiou na companhia dos netos. Desfrutava em especial das netas, talvez porque, quando os meninos cresceram, as meninas ficaram mais interessadas nas suas preocupações diárias e mais atentas aos seus problemas de saúde. Minha mãe dava para elas de presente suas bolsas e acessórios velhos, às vezes era tão generosa que, na hora, as meninas ficavam incomodadas de aceitar. Embora não muito. Uma das minhas filhas sentia que minha mãe era a pessoa com quem ela mais se parecia no mundo, e isso a enchia de orgulho; e da minha sobrinha poderia se dizer que, de todos nós, foi quem mais a acompanhou em seus últimos anos. Minha outra filha se esmerava em manter contato com ela do exterior, e era muito carinhosa com a avó. A avó da minha mãe foi uma figura dominante em sua vida, uma matriarca respeitada e temida, e quem, penso eu, contribuiu para que ela tivesse preferência pelas netas. Amava os filhos do meu irmão, mas achava que os rapazes tendiam a se retirar aos seus próprios mundos conforme iam crescendo, e aceitava isso. Essas são só teorias minhas, é claro, e, se ela ficasse sabendo, as rejeitaria, dando-me as costas com impaciência.

Dois anos depois da morte do meu pai, levamos suas cinzas para Cartagena. Foram colocadas na base de um busto (assombrosamente parecido com ele) no pátio de uma casa colonial, agora aberta ao público. Houve uma cerimônia oficial, precedida e seguida pelo tradicional coquetel, de portas abertas, na casa dos meus pais. Assim como a morte do meu pai, durou vários dias, mas, como o ambiente era mais alegre, minha mãe se assegurou de que houvesse música ao vivo até altas horas da noite. Eu achei que aqueles dias foram de certa maneira emocionantes, e talvez um pouco cansativos, embora curiosamente no momento pensei que não fossem tanto. Tudo parecia bom de se encarar. No último dia em que passei lá me detive em dar uma última olhada no lugar de descanso das cinzas logo pela manhã. E me impressionou pensar que ficariam ali, que ele estaria ali, durante muito tempo, talvez séculos, até muito depois que todos nós que estávamos vivos tivéssemos morrido. O caminho até o aeroporto foi triste, e vinte e quatro horas após aterrissar em Bogotá eu estava hospitalizado com uma infecção urinária e um coágulo de sangue numa perna. Talvez os dias anteriores tivessem sido mais estressantes do que eu havia pensado.

Passaram-se apenas três meses da morte da minha mãe e me surpreende a rapidez com que sua figura cresceu para mim. Não consigo passar por uma foto dela sem me deter um momento para contemplar. Seu rosto parece mais amável e belo do que nunca, até mesmo na sua velhice. Sofreu de ansiedade a vida inteira (e talvez sem que tivesse consciência disso), no entanto tinha uma capacidade enorme de desfrutar da vida. E seu interesse pela vida e pela vida dos outros, como a de meu pai, foi inesgotável. Meu sentimento pelo meu pai, embora amoroso, foi mais complexo, porque sua fama e seu talento o transformaram em várias pessoas diferentes que tive de me esforçar para integrar numa só, saltando sempre de um lado para outro entre emoções contrastantes. Também tenho sentimentos contraditórios sobre a longa e dolorosa despedida que foi sua perda de memória, e a culpa de encontrar um pouco de satisfação por me sentir intelectualmente mais capaz que ele. Meu sentimento pela minha mãe é, agora, para minha surpresa, totalmente singelo. Este é o tipo de afirmação que faz com que os psicanalistas levantem a sobrancelha, mas é verdade. Ela sentia temor pelas grandes demonstrações de afeto, e nossa infância nos cobrava o hábito de manter sempre a compostura. No entanto, com o tempo, compreendi que era uma atitude que ela havia herdado dos pais, que com certeza também tinham herdado dos seus. Sempre que sugeri a ela que podia se beneficiar com a terapia ou medicamentos, sua reação era a mesma: "Não. Eu não sou uma histérica."

Agradeço por ter conseguido entender isso enquanto ela ainda estava viva, e aceitá-la, de maneira que o que me resta é só afeto e um encantamento com a energia vital que ela emanava. Ela era franca e reservada, crítica e indulgente, corajosa, mas temerosa da desordem. Podia ser exigente e crítica, mas também tolerante, especialmente quando uma pessoa confiava a ela seus problemas, então ficava solidária, e a pessoa ganhava sua devoção. Com meu irmão e comigo foi carinhosa, embora não tanto fisicamente, mas sim profundamente afetuosa em sua atitude, e cada vez mais com o passar dos anos. Sem a menor dúvida, sua personalidade complexa contribuiu para minha fascinação da vida inteira pelas mulheres, em particular as multifacetadas, as enigmáticas, e por aquelas que são chamadas, penso que de maneira injusta, de mulheres difíceis.

Sinto uma admiração renovada pelos meus pais. Admito que este ponto de vista (que alguns chamarão de revisionismo) não é incomum. A ausência nos torna mais carinhosos e compreensivos, e reconhecemos que nossos pais tinham pés de barro como todo mundo. No caso da minha mãe, por causa da época e do lugar onde nasceu, me impressiona a forma como ela se tornou a pessoa que foi, sempre sólida e firme, inclusive comandando a vida que o sucesso do meu pai proporcionou aos dois. Foi uma mulher da sua época, sem curso universitário, mãe, esposa e dona de casa, mas muitas jovens com vidas e carreiras bem-sucedidas a admiravam sem reserva e invejavam sua determinação, sua resiliência e sua consciência de si mesma. Era conhecida pelos amigos como "A Gaba", apelido derivado do "Gabo" do meu pai, e, portanto, patriarcal, mas, apesar disso, todos que a conheceram sabiam que ela tinha se tornado uma versão magnífica de si mesma.

Dois anos antes de sua morte, sentada num restaurante, minha mãe me contou que depois dela, que era a filha mais velha, sua mãe teve dois bebês que morreram na infância. Eu me surpreendi porque nunca tinha ouvido nada a respeito. Perguntei se ela tinha alguma lembrança daquilo, e ela disse que sim. Lembrava claramente de sua mãe com um bebê morto no colo. Fez um bercinho com seu braço esquerdo para me mostrar como tinha sido. "Por que você nunca me contou isso?", perguntei a ela. "Porque você nunca perguntou" foi a sua resposta. Pobre de mim. Tempos depois voltei a perguntar sobre o caso, ávido por mais detalhes, mas ela não só negou ter contado aquela história, como disse que não viu nenhuma vez um irmão bebê morto. Fiquei pasmo. Não era senilidade nem demência. Sua memória sempre foi invulnerável. Insisti. "Não. Isso não aconteceu nunca", me disse de maneira contundente. Naquele dia deixei por isso mesmo, mas estava decidido a voltar a esse mistério uma vez mais no futuro, caso o vento mudasse, mas o tempo se esgotou. Também passei cinquenta anos da minha vida sem saber que meu pai não tinha visão no centro de seu olho esquerdo. Fiquei sabendo quando o acompanhei ao oftalmologista e só porque o médico mencionou isso durante o exame. Gostaria de saber como meus pais se lembravam de si mesmos quando jovens, ou até mesmo ter uma noção do que pensavam de seu lugar no mundo, lá atrás, quando suas vidas estavam confinadas nos povoados de sua infância colombiana. Daria qualquer coisa para passar uma hora com meu pai quando era um malandrinho de oito anos, ou com minha mãe quando ela era uma menina vivaz de onze anos, ambos incapazes de suspeitar a extraordinária vida que esperava por eles. E, por isso, no fundo da minha mente, trago a inquietude de que talvez não os tenha conhecido suficientemente bem, e sem dúvida lamento não ter perguntado por mais detalhes de suas vidas, seus pensamentos mais íntimos, suas maiores esperanças e seus maiores temores. É possível que sentissem a mesma coisa por nós, pois quem consegue conhecer plenamente seus próprios filhos? Estou impaciente para saber o que meu irmão pensa a respeito, porque tenho certeza de que um lar é um lugar muito diferente para cada um dos seus habitantes.

A decisão sobre o futuro da casa nos aguarda. Meu irmão e eu nos encantamos quando visitamos casas-museus de escritores e artistas do passado, e de outras infelizes pessoas de sucesso, e por isso nos inclinamos nessa direção. No entanto, me surpreende um pouco minha vontade de abrir as portas da nossa casa paterna a todos. Talvez seja uma tentativa desesperada de derrotar o passar do tempo, ou pelo menos de nos poupar da dor de ter que desocupá-la e vendê-la a estranhos.

A morte do segundo progenitor é como olhar uma noite através de um telescópio e já não encontrar um planeta que sempre esteve lá. Desvaneceu, com sua religião, seus hábitos e rituais particulares, grandes e pequenos. O eco perdura. Penso no meu pai todas as manhãs quando seco as costas com uma toalha, coisa que ele me ensinou depois de ver que eu me atrapalhava com isso quando tinha seis anos. A maioria dos seus conselhos sempre me acompanha. (Um dos meus favoritos: Seja tolerante com os seus amigos, para que eles sejam indulgentes com você.) Lembro-me da minha mãe cada vez que acompanho um convidado até a porta quando ele vai embora, porque não fazer isso seria imperdoável, e quando ponho azeite de oliva em tudo. E, em anos recentes, os três juntos, eles dois e eu, também olham para mim quando vejo meu rosto no espelho.

Também me empenhei em guiar minha vida de acordo com essa regra, raras vezes pronunciada, mas inquestionável: Não seja desleal.

Grande parte da cultura dos nossos pais sobrevive de alguma forma nos novos planetas que meu irmão e eu criamos com nossas famílias. Algo disso se fundiu com o que nossas esposas trouxeram, ou decidiram não trazer, de suas próprias tribos. Com o passar dos anos, a fragmentação continuará e a vida irá se sedimentar sobre as camadas do mundo dos meus pais e as camadas de outras vidas vividas, até que chegue o dia em que ninguém nessa Terra tenha lembrança de sua presença física. Tenho agora quase a idade que meu pai tinha quando perguntei o que ele pensava de noite, depois de apagar a luz. Como ele, ainda não estou muito preocupado, mas estou cada vez mais consciente da passagem do tempo. Por enquanto ainda estou aqui, pensando neles.

Agradecimentos

Gostaria de agradecer à minha esposa Adriana e às minhas filhas Isabel e Inés.

À minha cunhada Pía, e aos meus sobrinhos Mateo, Emilia e Jerónimo.

Aos inúmeros amigos, aos funcionários dos meus pais, aos médicos e às enfermeiras que menciono no livro.

A Luis Miguel Palomares, Luiz e Leticia Feduchi, Mónica Alonso, Cristóbal Pera, Sofía Ortiz, Diego García Elio, Maribel Luque, Javier Martín, Neena Beber, Amy Lippman, Julie Lynn, Bonnie Curtis, Paul Attanasio, Nick Kazan, Robin Swicord, Sarah Treem, Jorge F. Hernández e Jon e Barbara Avnet.

Este livro foi composto na tipografia ITC Berkeley
Oldstyle Std, em corpo 12/15,5, e impresso em papel
off-white no Sistema Cameron da Divisão Gráfica
da Distribuidora Record.